工程联营：
从布局到落地增长

张训标 宋世林 著

哈尔滨出版社
HARBIN PUBLISHING HOUSE

图书在版编目（CIP）数据

工程联营：从布局到落地增长 / 张训标，宋世林著.
哈尔滨：哈尔滨出版社，2025. 1. -- ISBN 978-7-5484-
8016-7

Ⅰ．F407.96

中国国家版本馆 CIP 数据核字第 2024WN8629 号

书　　名：工程联营：从布局到落地增长
GONGCHENG LIANYING：CONG BUJU DAO LUODI ZENGZHANG

作　　者：张训标　宋世林　著
责任编辑：刘　丹
封面设计：姜　丽

出版发行：哈尔滨出版社（Harbin Publishing House）
社　　址：哈尔滨市香坊区泰山路82-9号　邮编：150090
经　　销：全国新华书店
印　　刷：武汉市卓源印务有限公司
网　　址：www.hrbcbs.com
E-mail：hrbcbs@yeah.net
编辑版权热线：（0451）87900271　87900272

开　　本：710mm×1000mm　1/16　印张：11.75　字数：122千字
版　　次：2025年1月第1版
印　　次：2025年1月第1次印刷
书　　号：ISBN 978-7-5484-8016-7
定　　价：68.00元

凡购本社图书发现印装错误，请与本社印制部联系调换。
服务热线：（0451）87900279

序 言

河南颍淮建工有限公司创始人张林江

    奋战在一线的战友们，截至今天，我们总共中标了 4298 个项目，这是 4298 份沉甸甸的信任，感谢你们的信任。我们也在以诚惶诚恐，如履薄冰的心态对待这份信任，生怕对不起这份信任。

    我也知道，现在所做和你们期望还有差距，但这正是我们努力的方向和动力，在证件方面，我们还有待完善；在金融支持、供应链支撑方面，我们还有很长的路要走；在财务手续方面，你们希望快一点。我相信你们深知，手续快捷和资金安全相比，资金安全更重要，我们也正在努力，争取在保证资金安全的前提下，再快 3 分钟、再快 1 分钟。

    回顾这些项目，部分还在紧张施工中，部分已经投入使用。其中学校宿舍、餐厅、教学楼类 349 项，让孩子们书声琅琅，笑容甜甜；县乡及通村公路类810项，让出行不再困难；农村安全饮水类389项，让更多的乡亲喝上放心水；医院病房楼、乡镇卫生院类181项，让治疗环境更好一些；福利院、光荣院、养老院类371项，让孤残儿童有笑容，退伍老兵有所依，孤寡老人有所养；农田水利基础建设类523项，让乡亲们农业生产更方便；保障房、廉租房类420项，让城市低收入群体能安居；城市道路及公共绿化类633项，让城市变得更美好；光伏发电、风力发电类512项，让绿色能源更好地为我们服务。

中国不缺建筑公司，凭什么我们要坚持活下去？专注于中小民生工程，这便是我们存在的价值！这便是我们付出汗水的价值！未来我们还将死磕中小民生工程联营，因为有太多期盼的眼神等待着这些项目落地，我们会在金融支持、供应链支撑、财税筹划及团队打造方面给战友们更多的支持，感恩你们的一路相随，我为能和你们并肩战斗深感自豪。因为有了包容和信任，所以我们的合作更简单。

不知不觉之间，河南颍淮自成立到现在已经过了整整十年，一路走来着实感慨万千。

我的第一份工作，是到河南省舞阳县机械厂做一名生产车间的基层员工，干了一段时间之后，因为不想只进行千篇一律的机械性工作，所以选择了辞职。后来机缘巧合，我在县城里面找到了一份自来水厂的工作，当时的自来水厂还是事业单位，即使在现在看来这也是比较体面的工作。

当时单位像我这样没有家庭背景的员工是很少见的，在这种大环境下，想要出人头地，必须凭借敢为人先、吃苦耐劳的精神去开展工作，加班于我而言简直是家常便饭。因为我们作业的时候对居民生活用水的影响比较大，为了不影响广大人民群众的生活，所以自来水厂平时维修的工作大多数都要在凌晨进行。

当时大家都不喜欢冬天，天气一冷就很容易出现供水管道漏水的情况，我们就得24小时待命，随时准备出发。2000年，汽车、摩托都是富裕人家才有的东西，大家一般只能骑着自行车前往维修地点。基本上到地方人也快冻僵了，本来天气就冷，水温也到了零下，这种苦差事很多人都不愿意做，但问题总要解决，于是每当这种时候我就自告奋勇，前往一线奋战。凭着这种艰苦奋斗、不畏困难的劲头，我得到了领导的赏识，成了厂里的一名中层干部，并得到推荐，成了一名光荣的共产党员，不知不觉已经过去快20年了。

后来为了响应国家号召，助力政府职能的转变，增加事业单位的活力，自来水厂成了河南省第一家由事业转为企业的单位。得到消息的时候，我思考了很久，是继续留在水厂还是出去自己创业。当时很多人都劝我不要离职，即使水厂改革，它相对来说也是一个"铁饭碗"，但我不甘心，虽然稳定，但是这种一眼就能望到头的工作并不是我想要的。纠结了很久，现实与理想之间我选择了后者，离开了公司，开启了漫长的创业之旅。

创业之路九死一生。离开了水厂的我进行了无数次的创业，也经历了无数次的失败。屡战屡败，屡败屡战。直到2008年，我的一位同学听闻了我正在创业的消息后，推荐我去建筑工程领域试一试。

当年发生了很多事。有好事，比如北京奥运会举办、神舟七号载人飞船成功发射；也有坏事，有南方雪灾、有汶川地震。受到这些灾害影响，国家开始大力发展基础建设，为了能让更多的人安居乐业，我也义无反顾地投身其中，成了一名工程人。

我接到的第一个项目要20多万元本钱，需要全额垫资。这么多钱即使是放到现在也不是一笔小数目，而且由于之前进行了无数次创业，我手里的钱也没剩多少了，全部身家仅有两三万块钱，剩下的部分怎么办？只能去借、拼、凑、赊，磕磕绊绊终于是把项目做完了，结果就收到了7万块钱，根本还不上账。

当时每天都过得非常煎熬，最放松的时候就是躺床上睡觉，因为实在是太累了。白天四处奔走凑钱给工人发工资，晚上回家都不敢开灯，生怕让人发现我回家了并且没拿到钱，压根没有时间发愁。

为了补上这些资金上的窟窿，我咬牙连着接了好几个项目，虽然并非什么大项目，但好在也有一些收益，就这样积少成多，不仅把之前的窟窿补上了，而且还存下来一点存款。

我之前做建筑分公司，当时加盟的是许昌的一家建筑企业。我是舞阳人，为了方便交通，我将分公司地址设在了漯河，当时一间四十几平方米的房子，三四个人，几台电脑，就是我们全部家当了。

有时候临时需要证件，所以经常需要开车去许昌。当年智能手机和微信都还没有普及，沟通远远没有现在这么方便，经常出现因为第二天开标急着用证件，半夜就得开车去总公司的情况，但是相关负责人早都已经下班了，沟通特别麻烦。对于总公司来说这些可能都是小事，但是对于我们办事处来说，每一次投标都需要半年甚至一年的准备时间，因为一些小事导致投标失败，无论如何也无法让人接受。

这些经历使我逐渐产生了一个想法，那就是成立一家建筑公司，不能再让其他人经历这些艰难困苦，真正意义上实现让天下没有难做的工程，河南颍淮建工有限公司正是在这种想法之下孕育而生。

河南颍淮之所以有今天的成绩，离不开一代又一代颍淮人的艰苦奋斗。管理我不懂，财务我也不懂，包括IT技术等我都不懂，但是有了大家的加入，凭借着众人拾柴火焰高的精神，在各自的领域奋战，为了共同的使命而拼搏，才使得我们能够不断前行，在这里我想向各位战友由衷地道一声感谢。

不论是我们的老同事还是新同事，我都希望大家在这个平台上不但能够获得财富上的收益，还能够收获个人价值的成长。愿大家在工作过程中，不断打磨自己，将自己磨砺得越来越坚韧、越来越智慧。

创始人访谈

我见青山多妩媚，料青山见我应如是

——访河南颍淮建工有限公司董事长张林江

最好的领导人是"基业"的缔造者，他们想要创造具有行业影响力的企业，这不是自大的个人野心，而是对卓越的狂热和追求，这也是做大做强企业不可或缺的条件，小富即安的企业人无论如何也不可能把企业带到一个很高的高度上去，所以说有无强烈的卓越心是决定企业成为何种规模的必要因素之一。

美国福特汉姆大学商学院副院长、北大国际MBA项目美方主任杨壮说过："伟大的领导者肯定是追求卓越，超越同侪的人。"看一看中国成功的企业领导人，你会发现许多领导人在各种情况下都具有追求卓越的特质。

无论是辛弃疾的"我见青山多妩媚，料青山见我应如是"的自信，还是高适的"莫愁前路无知己，天下谁人不识君"的旷达，无论是巍巍青山壁立千仞，还是浩浩江河源远流长的眼界与胸怀，抑或是王安石的"不畏浮云遮望眼，自缘身在最高层"的高度思维，又或者是"千磨万击还坚劲，任尔东西南北风"

的潇洒。这些基因元素隐藏在创始人的血液之中，无时无刻不在发挥着作用。

2019年的某个春日，在朋友的婚礼上，一位身着笔直黑色中山装绅士模样的青年男士在台上热情洋溢地宣读着万辉先生的证婚词，他就是张林江，短而有形的发型，白皙的皮肤，大约1.75米偏瘦干练的身材，给我的第一印象应是一位学识渊博的学院派老师。

张林江入学长江商学院

从心理学角度分析，越是头脑简单的人越需要点缀和填充，而头脑复杂的人，则对简洁有着特殊的心理需求。更高的哲人独处着，不是他们享受孤独，而是他们在身边找不到同类！

初见君时不识君，再见君时君已成了我的Boss，可以简单地说：认识这个人就像在身边开了一扇窗，就能看到不一样的东西，听到不一样的声音，领略不同的思维方式，能让你思考、觉悟，这已经够了。其他还有很多，比如机遇、能量、文化属性、管理思维、创新思维，等等。

他们具有行业的宏观和微观的超前战略眼光，总能踩对行业发展的节拍，对事物发展的轨迹做出前瞻性的正确判断，提前布局发展规划，但是他很少讲道理，反而经常讲事物底层逻辑，因为他的思维和格局不一样。战略家一般处理问题的办法更接近求证自己规划的真相，所以不浪费时间，更不停留在表面，总是用抽丝剥茧、拨开云雾的方法。操盘手的思维就是让企业的发展方向朝逻辑和行业的宏观趋势方向发展，不管做任何事情，只要你比你的对手提前准备，找对趋势，顺势而为，并能坚持到最后，那么赢家就是你。

如果一个企业的文化从骨子里就是弱势文化属性，怎么可能去承载一个企业在腥风血雨、斗争激烈的环境中竞争市场地位。强势文化就是积极探索并朝着事物逻辑规律发展的文化，弱势文化就是依赖强者得到的期望并破格获取的文化，也是期望被帮助的文化。强势文化在武学上可以称之为绝学秘籍，人们通过对强势文化的研习发展成为武林顶尖高手；而弱势文化由于易学、易懂、易用，成了大众流行，普通人通过简单学习即可掌握。客观逻辑规律是不以人的意志为转移的，什么是客观逻辑规律，归根到底一句话：遵循市场发展规律、行业规律、人性特点等逻辑。而遵循这个规律，超前规划发展路线，提前布局入手，即可领先许多同行业友商。

国家的发展离不开民生工程与基础设施建设。民生工程事关百姓幸福生活，以"助力民生工程快速落地"为愿景的河南颍淮建工有限公司，从一个名不见经传的小企业，历经八年风雨，已然成长为具有区域影响力的知名企业，以下内容为河南颍淮创始人张林江先生的访谈。

问：您第一份工作是做什么行业？怎么转入工程行业的呢？

答：大学毕业后进入了本地自来水厂工作，原来的自来水厂是国有单位，在单位工作一段时间后，成了自来水厂的中层干部，但是每天的工作非常单调，如果坚持工作下去，可能就是从自来水厂职员到主任到厂长再退休的一个过程。"铁饭碗"虽说非常稳定，但是对一眼能看到退休的生活，我也感到非常迷茫，后来就主动辞去了工作。老家一位亲戚在做工程行业，就开始跟着亲戚干施工，工地在哪儿，我就跟到哪儿，有时候在大山沟中修条公路要待一年多，那时候条件非常艰苦，但也坚持下来了。

问：作为近三年河南民营建企中，累计中标数量最多的建筑企业，河南颍淮已然成为行业内的标杆，并收获了无数的荣誉，我听说张总作为河南颍淮的创始人，您之前是在别人公司做项目经理的，为什么会想到自己创建公司呢？

答：那时候合作总公司流程比较复杂，导致各种流程审批难，转账速度慢，办事效率差，就因为这些问题我们错失了很多的机会和项目。我当时就想，做一家能彻底解决这些问题的公司，让我们这些做工程的人不那么累，能够身心得到解放，所以我创办了河南颍淮建工有限公司。

工程项目

问：俗话说万事开头难，咱们创业初期也遇到了不少困难吧？

答：确实，公司成立之初只是一个不知名的小企业，和我共同奋斗的战友们当时每个人只能拿到一两千的工资，为了改变现状，去服务更多合作伙伴，我们只有投入更多的精力去申请资质。印象最深的是申请一级装修资质，经历了9次失败，但我们没有放弃，在不断完善和努力下，最终成功地拿下了一级装修资质。类似这样的事情非常多，我们不是温室大棚中的鲜花，我们是森林中的野花，慢慢就养成了我们在逆境中生存的技能。不过在逆境中仅仅拥有智慧和技能是远远不够的，只有具有较强的抗逆境能力，才能带领团队散发出智慧的火花，战胜逆境。

抵御逆境的能力是其他技能的基础，没有这一能力，其他技能将很难发挥作用。

我觉得做事要有持之以恒的态度，什么事情都不是一蹴而就的，想要得到回报，你就得低下头去使劲干，而不是遇到一点困难就想着往后撤，为了达成"让天下没有难做的工程"这一使命，就算遇到再多困难也要撑下去，我相信，成功只是时间问题，坚持到底就是胜利。

问：现在的市场竞争越发激烈，在这样的环境下您觉得河南颍淮被这么多合作伙伴选择的理由是什么？

答：我们公司始终坚持"客户第一，服务快"这一理念，因为当初我还在做项目经理的时候，吃过这方面的亏，所以我很清楚，大家最关心的就是资金安全和办事效率这两方面，我们是传统服务行业，但是我们非常积极地拥抱互联网，我们现在是"服务＋互联网"双驱动。用自动化软件为全国二百多个城市的合作伙伴提供透明的办公平台，合作伙伴可以清晰明了地在平台上看到自己每一项事务的办理时间和办理人，并鼓励合作伙伴对公司内部员工进行打分评价，形成了透明化的合作平台。"客户第一"这四个字的重量非常重，如何全方位落实才是关键，让客户感受到"客户第一"，而不是只喊喊口号。我们从企业文化、技术监督、评价系统等多维度进行评价客户满意度，客户满意度是我们现在和未来一直注重的事情。

因为从来都没接触过OA（Office Automation，办公自动化，简称OA），而且当时的技术也不怎么成熟，所以大家用起来都很不习惯，但是为了能更好地服务合作伙伴，我们就一点一点学习如何使用，经过两年的打磨和优化，我们的办事效率明显提高；资金转款方面，经过优化，我们在原有299分钟限时办结的基础上再次提速，现阶段的我们已经敢于承诺保证金往来业务294分钟限时办结。

问：在这么多业务流程中，咱们有过超时的案例吗？

答：这种情况出现过两次，有一次是在2020年，当时我们还是承诺的299分钟限时办结，当时因为经办人员出差坐飞机没有信号，所以未能在规定时间内转款。我们承诺如果未能在规定时间内办结，就赠国际豪华游一人次，以表歉意。由于当时特殊情况，我们将国际豪华游一人次兑现为现金，履行了我们的承诺。正是因为这件事，所以我们再次针对系统做出了优化，取其精华去其糟粕，294分钟限时办结就是这次升级之后我们呈现给大家的成果。

问：我们都知道2020年很多企业都面临着巨大的压力，建筑业也不例外，听说公司上半年的时候，也没有完成当初定下的目标，当时您带着领导班子自降薪级，您当时是怀着怎样的心情做出这个决定的？

答：上半年的战略目标没有达成，当时一群高层坐在一起开会，说这个事情怎么办，公司的同事们都很拼，我都看在眼里，今年的情况实在是出乎大家的意料。

我觉得这种时候，作为领导层要敢于站出来承担这个责任，所以当时我就带领导班子一起降薪，并且承诺如果达成2020年度业务拓展总目标，全体员工涨薪。

2020上半年度业务拓展担责军令状

2020年，在外部大环境复杂的情况下，我们业务依然高速增长，且超额完成了年初制定的经营目标，河南颍淮及其合作企业全年新签合同总额31亿元，与2019年同比增长93%，2020年全年完成合同产值16.5亿元，与2019年同比增长100%以上，也完成了年度业务拓展总目标，这证明了我们是一支有能力，敢拼搏的团队。

问：您如何看待企业运营过程中的资源整合？

答：一个成功的企业只具备战略规划是远远不够的，任何一家公司拥有的资源都非常有限，如何配置资源，使得资源发挥最大价值，是重中之重，而资源整合就属于战略思维的层面，资源整合是系统论的思维方式。就是要通过组织和协调，把企业内部彼此相关但又彼此分离的职能，以及企业外部既参与共同的使命又拥有独立经济利益的合作伙伴整合成一个为客户服务的系统，取得1+1大于2的效果。公司内部进行资源整合就是把有限的资源根据特性进行重新整合，配置到能够产生最大效益的人员、项目与任务中，它是企业运行的一项基本长期任务，企业领导人在这方面的作用不是减弱，而是增强了。合理配置有限的资源本身就是一种策略。这需要领导者在经营过程中根据企业发展的不同周期通过不断地发掘问题点、整合多部门利益和特长优势解决问题而得以实现。公司外部策略联盟实际是一种资源的共享机制，它通过使联盟双方共享优越的技术、资源、服务、品牌、资金等，形成强大的品牌号召力。

问：我们常说，开公司要把小公司做成大公司，把大公司做成大家的公司，您是如何在公司管理中贯彻这一点的呢？

答：我觉得，想要把大公司做成大家的公司，让铁杆兄弟功成名就，最重要的就是让他们觉得是在为自己的未来而工作，为此我设定了股权激励模式，为做出贡献的员工发放虚拟股权，将公司盈利部分按照股权占有率以奖金形式发放给他们，正是因为有这些人的付出，才有公司今天的成就，这份奖励是他们应得的。

问：听说您特别擅长对员工进行物质和精神上的奖励，具体是怎么考虑的呢？

答：激励机制一直是很多企业的一块"软肋"，要想马儿跑得快，粮草必须供足，否则都是空口白话，你上来跟员工只谈情怀肯定会让员工大失所望，激励员工需要建立行之有效的激励体系和透明的赏罚制度，以实现内部公平性。在持续的竞争压力或企业变革中，员工需要的是不断激励，让优秀的员工得到更多的认可，使他们产生归属感。

问：听说您在这个行业是出了名的爱才之人，对各类人员匹配高额度的学习经费，每年的学习费用上百万元？

答：企业与企业的竞争归根结底是人才的竞争，企业创始人学习力程度决定了企业的走向，团队学习能力决定了发展的速度，学习能力强弱决定了企业的成功和失败，即使你拥有好的资源和氛围，没有人才岂能发展？企业发展快不快，就看人才梯队建设水平如何，我们不惜一切成本地建设人才梯队，在企业高速发展期，有大量可用之人。作为负责人最重要的任务之一，就是决定谁最适合哪个位子，和大部分的高层工作一样，这同时需要直觉与经验。如果一个领导人害怕自己的属下比自己厉害，而把自己的属下给"淹死"的话，这样的领导下不会有能干的人才。因此，一个不遗余力培养人才的领导者，才会拥有很多人才。这样，成功的机会才会更多、更大。

在《三国演义》一书中，曹操是出了名的爱才之人，曹操一生爱才如命，宁可放过关羽、赵云，也不舍得将其杀掉。袁绍为讨伐曹操命陈琳在檄文中列举了曹操很多罪状，还痛骂了曹操的祖宗三代。后来，曹操火烧袁绍的粮草仓库，打败了袁绍，陈琳没办法，只好投靠了曹操。曹操生气地指责陈琳说："你还敢来见我！当初你为袁绍写檄文，数落我的过错也就算了，为什么还要骂我的祖宗三代？"陈琳愁眉苦脸地回答："我那时候是被形势所迫，必须那样做，没办法啊！就好像一支已经被搭在弓弦上的箭，不得不发射出去一样。"曹操很爱惜陈琳的才华，也就没再追究那件事了。

问：现在这个时代，很多企业都选择在流量上投入很多，品牌建设好像变得不是那么重要，您怎么看待这一点？

答：现在很多企业的广告费用都用到流量上面去了，这是大势所趋；而品牌建设是长期性的，短期之内很难看到成效。在这种情况下，我觉得在把产品做好、"客户第一"的基础上，短期之内应该更加侧重流量运营，用以吸引客户，为品牌发展的空窗期做铺垫，因为品牌力才是真正的竞争力，当品牌真正成长起来的时候，就会深深植入消费者的心中去，成为他们选择你而不是选择你的竞争对手的理由。

问：在去年的时候贵司推出了一个新岗位——"政委"，主要工作是推行企业文化，您为什么会突然想到做这件事？

答：我觉得企业文化实际上是根植于内心的涵养，无须提醒的自觉，在一定约束下的自由，没有贪心的善良，把荣誉作为毕生的追求，它是凝聚我们内心的力量和规范，是我们全体同仁的使命，更是企业的内在驱动力的基础，企业必须重视文化战略，以文化决胜于市场，以企业文化推动企业发展，这是提高企业核心竞争力的关键因素，所以我们设立了"政委"这一岗位，推进公司企业文化发展。

问：听说您经常外出参加各种课程讲座，是什么促使您这么热衷于学习？

答：学习对我来说是一个习惯，每次出去之后你会接触到很多不同人的想法，不同人的经历，我觉得这才是最重要的东西，学习的时候，你仅仅消耗了很小的代价，但获得了别人可能一生才总结出的经验教训，我觉得这是非常值得的，也许他的思想有一定的局限性，但是往往能够给我启发，"原来还可以这样"去做事，所以我认为持续的学习是很有必要的，而且不光要学到，还要做到，实践才能出真知，这两者是相辅相成的。

问：如今是一个高速变化的时代，您觉得，在未来企业发展的道路上，我们有什么要面临的挑战，又该如何续写我们的故事？

答：如今的建筑行业都面临着资质改革这个挑战，现在无数建筑公司如雨后春笋般涌现出来，行业竞争十分激烈，蓝海已然变成了红海，在这种大环境下，我们要真正地将企业文化落实到公司的发展经营理念中去，把一些东西，比如说"客户第一"做到极致，要有工匠精神。

颖淮七周年

我觉得资质改革是一件好事，进步是逼出来的，只有走出舒适区，我们才能够不断进步，当我们团结一致，为"让天下没有难做的工程"这一使命共同努力，一定会走出新的格局来。

问：您感觉企业在发展道路上，战略规划和细节管控孰轻孰重？

答：有道无术，术尚可求，有术无道，止于术。

问：您经常看新闻吗？您感觉宏观政策对企业影响如何？

答：宏观调控，绝不是说说而已，这是风向，是行业的风向标，俗话说"春江水暖鸭先知"，时刻关心国家的宏观数据和方针政策，能从宏观调控的言语中感受到行业未来的发展趋势，方能及时调整方向，企业对政策不敏感，就是对市场不敏感，对市场不敏感的企业怎么做好市场呢。

河南颍淮建工有限公司

目录

- 001　住在巷子里的人
- 004　星星之火
- 006　改革的号角
- 008　与显而易见的真理背道而驰
- 011　取道林州
- 014　生死时速
- 016　作茧
- 018　扇动翅膀的蝴蝶
- 020　逆势增长
- 022　拼人和
- 037　马太效应初现
- 045　专注——细分
- 047　人性——文化
- 049　利他——利己

052 极致——互联

054 快

057 商业模式

062 如何看待智能化模式？

065 财务报表公开化

066 坚持长期主义

076 人才理念

083 新商业木桶理论

086 观《乔家大院》谈股权改革

095 包工头的发展状况

101 工程资质企业怎么选

104 让联营更简单

108 从0到第1000个中标项目的背后逻辑

114 为创新买单

116 中小企业的微创新突围

119	招兵买马——组建自有网络技术部门
122	降维竞争
123	跨越数字鸿沟，搭建数字桥梁 ——筹划数字化转型
127	顺势而变
132	流程
134	公司运营数据如何为企业发展提供决策依据？
136	电子合同
139	扶贫路上的"输血"和"造血"
142	文化就是基因
144	企业文化
153	自我革新
156	后记

住在巷子里的人

自 2008 年国际金融危机爆发到波及全球已经过去五年了，经济在世界全局中的地位越发凸显。面对经济危机，努力探索破解和治理之道，寻求重振路径和动力，仍是主导世界经济发展前进的主流。就全球而言，2012 年各国经济复苏遭遇"整体减速"，具体到各主要经济体的发展情形，则可以说是发展各有难处，各国"冷暖自知"，身为世界第二大经济体的中国也不例外。

从整个环境市场来看，虽然不乏可圈可点之处，但是到 2013 年，市场总体是沉闷的、灰色的。上证综指在 2000 至 2300 点的区间长期震荡，一直未能从金融危机的影响中走出来，甚至大盘偶尔会散步到 2000 点以下，提醒世人市场的脆弱。激发市场活力成了决策层的热门词汇。

想要激发市场活力，其中最关键的就是要为各类经营主体投资创业营造良好环境。在此之前需要解决一只拦路虎，那就是诞生于 1993 年的《中华人民共和国公司法》（以下简称《公司法》）。

传统公司法对于公司资本采取强制干预的法律政策在很大程度上损害了投资者的积极性，增加了企业融资难度，它对于注册资本登记的制度非常严格——不仅规定了很高的注册资本最低限额，而且规定了注册资本实缴制。

在十余年的践行中，《公司法》暴露出的弊端越发明显，为此国家在2005年对《公司法》进行了一次较大的修订。它不仅较大幅度地降低了注册资本的最低限额，同时也改变了注册资本的缴纳制，由一次足额实缴改为了分期缴纳。虽然进行了改革，但是2005年《公司法》依然维持了公司资本的法定限制，设立公司依然很困难，特别是中小型企业生存和发展空间受到了很大的限制。

注册资本最低限额是法律为公司资本设定的一道底线，它是公司设立的必要条件。立法者期望通过这一底线设置为公司清偿能力提供担保。但这一期望不仅未能有效实现，而且使得许多弱小投资者无法利用公司这种现代企业组织形式开展商业活动。譬如，对于设立一家普通股份有限责任公司而言，无论是1993年《公司法》要求的1000万元的最低资本金，还是2005年《公司法》要求的500万元的最低资本金，都超过了普通百姓的承受能力。又如，2005年《公司法》承认了"一人有限责任公司"，原本是为了更加方便地满足弱小投资者的需求，但规定了10万元的最低资本金，违背了法律承认一人公司的真义。

改革刻不容缓。在时代的浪潮下，每个人都是其中的一分子，而这时候的张林江只是一个毫不起眼的项目经理，他不太引人注目：既不下榻高级旅馆，也不流连于各大酒店，更不参加那些宣传演出。他居住在狭窄崎岖、充满历史厚重感的巷子里，那栋租来的屋子与其他老城中的房子一样，结实而高耸。屋子天花板一半因为岁月，一半因为吸烟的房东，被熏成焦黄色。由于他总是早出晚归，几天不见也是家常便饭，所以即便是房东，对他的了解也仅是在签租房合同时候看到的签名。

　　这个结实的男人毫不起眼，也尽量过着低调的生活，邻居们的目光几乎很少能与他眯缝的双眼中射出的深沉锐利的目光相遇。除此之外他看起来实在太过平凡。即使是在他所处的建筑行业中，大家也仅仅知道这是一个刚进军行业没几年的"菜鸟"。有些晚上，他与同行业的伙伴们一起交流，讨论如何能够改变行业现状，但大多数人只不过当他是因对现实不满，一时头脑发热而进行无休止的争论而已，没人会将这个叫张林江的人所说的话记住。

星星之火

这是张林江投身于建筑工程领域的第二个年头。

见证过2008年的雪灾和地震之后，很多人都意识到在民生工程方面，我们还有很长的一段路要走，在国家大力发展基础建设的号召之下，无数工程人投身其中，共同谱写了一篇波澜壮阔的史诗。

虽然有很多人抱着一腔热血投身其中，但是很快他们就发现，现实与理想之间的差距有多么巨大。

2009年12月，晚上回到家的张林江灯也没敢开，径直爬上了床沉沉地睡了过去。他太累了，在这一周中，他来回奔波于漯河的工地与许昌的总公司之间，因为工程款一直压在总公司那边，而工地上马上就要到发薪日了，他必须要在这之前把钱要到手，最要命的是这次的活儿是全额垫资做的，他现在手里掏不出一分钱，想垫资发工资都垫不了。

工地上有几个相处比较好的伙计其实已经知道了张林江此时的窘迫，所以一直想到他家了解索要工程款的进度。因此张林江在回家之后才没有敢开灯，生怕这些兄弟知道他回了家却没拿到钱，让他们失望。

这不是总公司第一次刁难他了。之前有一次开标急需用证件，电话沟通的时候总公司办理业务的人员还满口答应，但是当张林江开车赶到许昌的时候，负责人却临时变卦，找各种理由搪塞他。即便张林江说尽好话，最后也只能眼看着准备了好几个月的项目让别人中了标。

创建一家属于自己的建筑公司，并真正做到"让天下没有难做的工程"的念头在此时犹如一粒火种在张林江的脑海中摇曳，这一天终会来临，他需要提前做好准备。

改革的号角

实际上，理论界和有关主管部门一直在积极探索注册资本登记制度的改革。一些地方，如深圳、珠海等经济特区，已经率先实施了改革试验，为全国的改革提供了宝贵的经验。最近，更是传出了资本缴纳实缴制即将迎来改革的消息，这一改革对于广大创业者来说无疑是一个重磅利好的消息。

无数的创业者在听到这个消息后，一开始感到震惊和难以置信。他们相互庆祝，但又始终保持着怀疑。他们在一小时、两小时的等待中，守在电视机前，等待着官方的证实，果真确有此事。消息确凿，令人振奋。

2013年，国务院部署了推进注册资本登记制度改革的五项措施，明确废除了注册资本最低限额的规定。这一改革将资本缴纳的方式由实缴制改为认缴制，不再限制股东或发起人首次缴纳的数额及分期缴纳的期限。此外，改革还放宽了对公司住所的登记要求，由地方政府根据实际情况进行规定。同时，将公司年度检验制度改为年度报告制度，以减轻企业的负担。

这些措施是公司资本与登记制度改革的重大举措，并迅速获得了立法响应。这些改革措施是创业者们多年来梦寐以求的,他们在市场上拼搏积累、夜以继日地创新,在行业蓝海中为之奋斗的一切即将实现。

现在,新的市场秩序即将到来,改革的号角即将吹响!那些平日清醒冷静的梦想家们已经心醉神迷,成百上千位居住在华夏大地的创业先锋们也因为这令人振奋的消息欢呼雀跃:一个前所未有的创业机遇即将到来!注册资本最低限额即将取消!不用再为没有资金进行实缴而担忧!只要有独特的想法,就能够进行自主创业!

他们已经开始整理起自己手头的资料,重新梳理商业理念。报纸上刊登了简明而有力的讯息:"创业!"这一消息很快被他们传遍四面八方:"创业,创业!"联合起来,团结起来!再次将生命投身到为之奉献的事业中!

与显而易见的真理背道而驰

　　站在历史的时间轴上，作为后来者的我们清楚地知道，虽然国务院已经部署推进资本登记制度改革五项措施，但事实上直到2013年12月28日，全国人大常务委员会才通过了《公司法》修正案，对相应的资本与登记制度进行了修改，通过立法形式巩固了改革成果，为我国市场经济的进一步发展奠定了坚实的法律基础。将注册资本实缴登记制改为认缴登记制，并放宽工商登记其他条件。于2014年3月1日开始正式实施。

　　但是对于彼时的人们，并不能确认何时相应的措施才能够真正地实施。而且，相对于绝大多数创业者的兴奋，张林江清楚地意识到，这次改革带来的好处并不适用于所有那些真正激进的要改变行业的创业者。

　　首先，在漫长的等待过程中，或许有无数曾经独一无二的商业模式将会被慢慢探索、研究、复制。最终本来宽敞，甚至空无一人的赛道将变得极其拥挤，最终变革者将泯然于众人。

　　其次，由于改革过后不必缴纳巨额的注册资金，所以想要创建一家公司变得十分简单，必然有无数企业如雨后春笋一般萌芽，在这种情况下创建的新公司在信用方面令人担忧，而实缴注册公司本身就是一种能力的象征，必然比改革后的认缴制新公司拥有更好的发展前景。

彼时的张林江并不知道，他的思想与"定位之父"杰克·特劳特的想法不谋而合。特劳特曾在他的《定位》一书中举了哥伦布的例子：别人都是往东寻找印度，哥伦布却往西寻找，虽然最后他没有找到印度，但是却发现了新大陆。其实无论往西走发现什么，哥伦布都会是第一个发现者，他的历史地位由他与别人反方向走决定。

从事建筑行业的这几年来，张林江不断思索创业的总体框架，但是突如其来的改革直接推翻了他之前的规划，平时一贯坚强不屈、实事求是的张林江，在这样的时刻也做起了不切实际的梦。

即刻创办公司的想法越来越强烈和难以抑制地浮现，如野草般在笔墨间蜿蜒蛇行，在脑海里根深蒂固，在心中结簇发芽。然而在梦醒之后的清晨，张林江知道，如果不付诸行动，一切都不过是无法实现的梦幻，他的内心越发坚定，他必须在认缴登记制实行之前成立公司，他必须选择与显而易见的真理背道而驰，他必须即刻行动，不惜一切代价！

漯河市地处河南省，位于山东麓平原与淮北平原的交错地带，总地势西高东低，区域内有大小河流81条，均属于淮河水系，其中沙河、澧河贯穿全境，在市区交汇后穿市区而过。丰富的水资源使得漯河早在明朝时期就成了水路交通要道，商埠重镇，但漯河市并不适合发展建筑行业。

2013年，漯河实现生产总值861.5亿元，第二产业增加值为584.1亿元，全部工业增加值为548.9亿元，其中食品工业增加值为280.4亿元，占全市规模以上工业的57.54%，这一系列的数据无不说明漯河作为中国首个"食品名城"名副其实。反观建筑业，在2013年增加值仅为35.2亿元。这些数据无时无刻不在提醒张林江，如果要在漯河市创建建筑公司，那一定是前途渺茫。

想要站稳脚跟，必须找到一处适合建筑行业发展的土壤，经过深思熟虑，张林江将目光投向了河南省安阳市林州市。

取道林州

林州市位于华北板块南部，晋豫陕三联裂谷系北支东沿，境内多山，山地、丘陵占86%，大部分地区广泛分布着石灰岩，多裂隙、溶洞，这使得地表水分极易流失，独特的地貌使得林州水资源极度匮乏。

据明确的史料记载，早在元代人们就开始组织筹划修建水利工程，但不论是天平渠还是谢公渠，都只能解决部分村庄的用水问题，不能从根本上改变林州市（林县）的用水情况，截至新中国成立之前，光是有记录的自然灾害就有100多次，大旱绝收30多次，甚至有时大旱连年，庄稼颗粒无收。

这种情况即便是在新中国成立之后的很长一段时间内，也没有办法解决。在1959年，林县又遇到旱灾，虽然之前政府组织修建了大量水利工程，但巧妇难为无米之炊，林县境内因干旱四条河流全部断流干涸，已经建成的水渠无水可引，群众叫苦不迭。

想要真正解决用水问题，只有一个办法，那就是引水入境。经过深思熟虑，彼时的林县县委将寻水的目光移向了林县外水量丰沛的浊漳河。在"重新安排林县河山"的号召下，林县人在中国共产党领导下，发扬了愚公移山的精神，顶着三年资金不足、技术人员短缺的困难，自力更生、艰苦创业、团结协作、无私奉献，靠着"一锤、一钎、一双手"，创造出太行山上的人间奇迹，培育了伟大的红旗渠精神。

一渠绕太行，精神动天下。林县人民在修建了举世瞩目的"人工天河"红旗渠的同时锻炼出了一大批能工巧匠。20世纪70年代，这些能工巧匠走出太行山，奔赴全国建筑市场，号称"十万大军出太行"。他们逐渐打响了林州建筑品牌，林州因此成为"中国建筑之乡"。

林州总部大厦

从小听闻红旗渠精神长大的张林江对林州心驰神往已久，几乎没有任何犹豫，他已经确定要在这里出发，创建一家建筑公司。他当然知道离开自己了如指掌的故乡前往陌生土地的风险——一切都是未知，没有人脉、没有资金，真正的白手起家。张林江也明白，这是一次艰巨的挑战，在离开自来水厂的时候家人已经表示了反对，作为千千万万普通家庭中一员的他们无论如何也不相信白手起家能创建一家公司，在这显而易见的失败的结果面前，张林江此时的想法是如此的不切实际。在旁人看来，为了一个不切实际的梦而拼上全部的身家的他，此时此刻就像一个偏执的、狂热的疯子。他的朋友在他出发踏上前往林州的火车的前一刻依然在劝他放弃这"毫无意义又铤而走险的尝试"。

张林江当然知道，这样做将会付出他现在所拥有的一切，这是一场涉及未来的豪赌，如果失败他将背负无数的债务，成为整个家庭的罪人。但是此时此刻的他脑海中回荡的却是2008年的那场暴雪，在其中诞生的为了民生而奉献的思想的火种已经变为滔天烈焰，创建公司他势在必行，每一天每一小时都事关紧要。张林江必须铤而走险，为了能让更多投身于工程行业、立志于服务人民的工程人能够摆脱他人钳制，真正做到当家做主，他愿意奉献一切。

列车员在校对过发车时间并发出了启程的信号后，火车滚滚驶向安阳市林州市。在周围人质疑的声音中，河南颍淮建工有限公司终于于2013年10月24日成立。现在，已经没有什么能够阻挡张林江的脚步，他愿承担一切后果。

生死时速

建筑行业与其他行业存在着显著的差异。作为与人民生活息息相关的行业,建筑业无疑需要国家进行严格的管控。拥有营业执照只是跨入了建筑行业的门槛,而一家建筑企业要真正开始运营,除了营业执照外,还需要具备建筑资质(建筑业企业资质)和安许证(安全生产许可证)。

在当时,建筑资质的申请相对较为简单。只要具备相应的人员配置,就可以申请三级资质。然而,这一切的前提是企业净资产必须达到 800 万以上。这道门槛实际上形成了一道天然的屏障,将大多数人拒之门外。但对于已经取得营业执照的企业来说,他们已经迈过了这道门槛,只要补全相应的人员配置,资质申请自然不在话下,河南颖淮也不例外。很快,公司就成功申请到了几项资质。

资质申请的成功给了张林江莫大的信心,就像冉冉升起的太阳照亮了他生命中的阴霾。距离公司能够正式运营只差安许证,他对安许证的申请充满了信心和期待,此刻他坚信自己将战无不胜。

然而，事情并没有像他想象的那样顺利。项目经理出身的张林江虽然对资质方面有一定的了解，但对于如何申请安许证却是一头雾水。即使在当时的互联网上搜索，也很难找到明确的答案。

他目前只有一个选择，那就是从零开始学习如何提交安许证申请。同时，他还必须继续兼顾工地上的一切事宜。河南颍淮目前还不能投入使用，但每天都有开销。张林江不敢停下来，也不能停下来，只能奔波于由租下来的房子临时改装成的办公室与建筑工地之间。可是，以这种方式运营，别说盈利，连是否能偿还债务都是一个问题。

张林江此刻正在与时间赛跑。安许证从申请到下发通常需要6个月左右的时间，他已经尝试了两次，仍然没能通过安许证的申请，面对重重压力和挑战，张林江从未向困难低头。他深知每一次失败都是一次学习的机会，他不断地总结经验教训，不断地提升自己的能力。

2014即将过去，现在，他只剩下最后一次机会了。他知道这次申请是他最后的希望，他必须全力以赴。面对未来，他心中充满了期待和希望。只要他能够成功申请到安许证，河南颍淮就能走出困境，迎来新的发展机遇。

这一次，只能成功，不能失败！

作茧

这世界上有着无数的昆虫，其中一部分属于完全变态发育，蝴蝶是其中一种。在它们羽化之前还需要经过一个最危险的阶段，那就是化蛹。蛹期是个不活动的虫期，缺少防御和躲避敌害的能力，同时内部进行着剧烈的组织解离和重新组合的生理活动。而一旦它们成功羽化，就会彻底摆脱原本沉重的躯壳，展开双翼，自由地翱翔在天地之间。而此刻就是河南颖淮化蝶之前最后的阵痛。

申请安许证的资料早已准备完毕，为确保万无一失，正在进行最后的审核与校对。张林江看着窗外的雪思绪万千。他们为了整理资料已经两天没回家了，吃住都在办公室，而外面的雪已经下了两天两夜，高速早就封了，第二天就是提交申请的截止日期，时间不等人，必须即刻出发。

等到搬资料下楼他们才发现这场雪下的有多大。停车场已经看不到车的影子了，取而代之的是一个个"雪堆"，拿着钥匙按喇叭找了半天才找到车，而光是为了化开挡风玻璃上的冰就用了十多分钟。

从漯河到林州大约有 325 公里，在这种恶劣的天气下能不能到林州，谁的心里都没有底。然而张林江决心已定，他们立即启程。在张林江数十年的驾驶生涯中，从未有过如此影响深远，事关重大的旅程。

长夜漫漫，承载着河南颍淮命运的汽车悄然启程，渺万里层云，千山暮雪，只影向前，以漫天风雪为丝，天地为茧，河南颍淮身在其中悄然孕育、变化，承载着它最初也是最终的梦想，以及它最坚决的守护者离开漯河，穿越京港线、兴阳线，前往安阳市林州市，并在那里接受命运最终的审判。

扇动翅膀的蝴蝶

田书霞此刻正在办公室里面焦急地踱步，距离张林江他们出发已经过了一天两夜，这期间他们只给她报了个安全抵达的消息，随后便断了联系。每次电话铃声响起都会牵动田书霞的神经，她有些不安，有些忧虑，她期待能够得到成功申报的消息，而害怕等到的只有失望。

"咚咚咚"一阵敲门声在仅有煮水的茶壶噗噗作响的屋子中骤然响起，显得分外刺耳。

田书霞怀着忐忑的心情打开了门，迎接她的战友们，她张了张口，却什么也没有说。张林江当然明白她想问什么，却没有回答，或不想回答。在门口灯光的照耀下，他只是露出神秘而奇异的微笑。

但事实却做出了无声的回答，他的手中空无一物——以往审核结束之后，他们总是会把没有过审的资料拿回来，研究和修改之后为下次提交做准备。

得来不易的成果终于到来。她体会到了一种从未有过的奇特的轻松和胜利的快乐，仿佛蝴蝶撑破无形的束缚，终于争夺到了出乎意料的自由。

小小的蝴蝶已经伸展开了它的双翼，扇动翅膀，虽然仅仅产生了微弱的气流，但它将带来一阵风暴，这只蝴蝶或许将改变一个行业。

逆势增长

2021年，建筑行业形势变化很大。一方面，很多基建工程由于经费紧张而被推迟，导致各地招标公告呈现断崖式下降；另一方面，建筑资质改革推进速度加快，市场出现了大量的三级建筑公司，数量有限的项目被越来越多的建筑公司瓜分，市场需求量严重萎缩，每家建筑公司的中标数量迅速被摊平，企业与企业之间的竞争从增量竞争转到了存量竞争。

非常时期，逆增长对任何一个企业来说都是很难的。如果一个企业能实现逆增长，肯定是做对了什么，并且在新阶段找到了一条切实可行的道路。2020年，河南颍淮在合同额上有着30%以上的增长，2021年，全年合同额增长率20%以上，在行业内建筑企业普遍业绩下滑的环境下，增长如此稳健的建筑企业并不算多。

逆势增长

河南颍淮2020年年会现场合影

拼人和

头狼是团队的关键。团队是一盘散沙,还是一团薪火,关键是什么?也许一千个人有一千个答案。制度、成员、管理模式、发展环境、组织架构,但是说到底这些都是领头人的思维所决定的,因为所有战略部署都要经过领导人的决策拍板,无论企业如何发展,这个企业的风格总有领导人的"基因"在影响着。

新员工入职培训

企业的发展离不开人，人才的兴旺带动企业的兴旺，从招聘环节开始，颖淮就改变了模式。

招聘是企业获得新鲜血液和创新的重要渠道之一，应努力发掘新型人才，不断提高企业高素质人才比例，促使企业发展速度高于竞争对手。传统的招聘，一般是HR或者办公室主任将企业招聘需求发布在人才市场、报纸或者电视频道，目前是移动互联网时代，旧的招聘方式肯定不符合新环境，我们尝试在某同城平台发布招聘信息，但是效果很一般，于是后来尝试让公司职员在微信朋友圈发布招聘信息，因为每一个人背后都有一群同龄人，甚至他的同龄人和他的阅历、资历、学历、性格都有着部分重合，毕竟物以类聚、人以群分。公司组织部门将各部门的招聘需求一一统计，设计部制作出新颖耐看的招聘海报，公司100多位员工每周发5次朋友圈，按照每人平均300人以上的朋友圈资源估算，至少有30000多人能浏览到，为企业快速招兵买马打通了人才要道，通过这种招聘模式为公司寻觅了不少人才，其效果远远好于依靠一些人才招聘网站。根据首次招聘结果评判，此法有效，且不用花费任何费用，又能让新来的员工对企业的发展情况有所了解，增加新员工和企业的双向信任，为团队的快速扩张打下基础。

| 工程联营：从布局到落地增长

发放住房补贴

朋友圈招聘具有人带人、人拉人、人聚人的强大作用，有了这些内在的关系关联，员工内部稳定性大大提高，企业招聘费用大大缩减，企业管理成本相应降低，运营管理不都在追求低成本和高效率吗？这基本是零成本且高效率了。

一个好的领导如一头头狼，带领公司不断探索新领地，不断扩大私有领域，不断创新自己的战略和战斗方式，头狼具有良好的探路、开路、带路、让路四大本领。

好的领导如一辆越野车。"车到山前必有路，有路必有丰田车"，这句自20世纪80年代就开始广为流传的广告语至今仍被人津津乐道，70年前兰德酷路泽耀目登场，历经时间的打磨，终成名副其实的越野之王，不断帮助人们实现征服极限之地的梦想。秉承越野之王兰德酷路泽超强越野基因的PRADO普拉多，也可以说是硬派越野汽车的领袖，是无数人心目中的梦想之车，开辟了"车到山前必有路，没路还有普拉多"的神话，以强悍的产品实力驰骋全世界。无论是高原、雪地、平原、泥泞坑洼，还是战乱地区，哪儿都有丰田的身影。自驾去趟西藏，那里路上见到最多的就是各种丰田陆巡。丰田的越野车征服了世界上两个气候环境最恶劣的地方，一个是中东，一个是我国西部高海拔山区，在这两个地方丰田的越野车都是市场占有率最高的。好的领导也应该像丰田一样，虽然可能他不在公司内部参与所有工作，但处处都能体现他的行事风格和解决问题的能力。

好的领导又如一只斑头雁，每年的夏季斑头雁都要从印度起飞，然后飞越世界第一高峰珠穆朗玛峰才能达到西藏。科学家粗略估计斑头雁的飞行高度可以达到17680米左右，而这个飞行高度对于其他鸟类来说就是死亡禁区，迄今为止也只有斑头雁才能达到这个高度。不得不说，很多企业的发展速度和高度及企业文化与斑头雁有着相似之处，日本的稻盛和夫，之所以被称为"经营之神"，是因为他成就了多个企业，让多个企业扭亏为盈并成为世界商业之林中的重要角色。李嘉诚曾被称为"亚洲之神"，也是因为李嘉诚的发展思路和理念使一个个企业成为巨头。即使武将文侯数不胜数，没有领袖也是群龙无首。《亮剑》中，因为有李云龙这一敢拼敢打的灵魂人物，所以队伍才是一柄所向披靡的利刃。领头人的重要性犹如人之大脑。

探路是头狼必须拥有的第一个能力。鲁迅先生在《故乡》中写过一句经典名言："其实地上本没有路，走的人多了，也便成了路。"不论第一个开辟出这条路的人成功还是失败，他都是独一无二的英雄。头狼的第一属性必须是能探路——在没路的地方，你第一个走过就成了探路者，团队人员众多、执行高效、紧紧跟随就能碾压出一条罗马大路；有路的地方，走的人多了可能就成了拥堵之路。所谓开拓者，就是不走寻常路。有远见，有方向，有思想，有透过繁杂表面望穿事情本质的能力，这些能力是成为头狼的首要条件。

那些成为头狼的领导者，他们不断探路，勇于创新。对市场有敏锐的洞察力，对商学有独到的见解力。

每个地方都有户外探索驴友群，漯河市区大概有三四个驴友登山群，一处位于市人民会堂，一处位于双汇大厦附近，一处位于昌建广场，每逢周六或周日，早已约好的驴友穿着登山鞋、带着一些必要的防护设备、背着干粮和水，在早上 5 点 30 分左右赶到指定地点，坐上驴友们承包的大巴车前往野山区，一路上调试好对讲机，检查好物资设备，等到达山脚下就开始一天的攀登。四五年前，我同几个朋友加入了几个户外驴友群，每周参与驴友群的户外爬野山活动，中原地区著名的野山基本已被丈量个遍。在每次爬野山过程中总会选拔出一名富有全局观和具有探险精神的头领。这种人总会在野山狭窄的险要处，敏锐地发觉各地区驴友早已留下的户外拓展指示标志。富有探险精神的驴友总会畅想第一个走到无路可走的险要山峰，哪怕一路荆棘，也要越过别人不可越的鸿沟，越过别人不可及的山峦险境，看到别人不可见的风景，尝试与众不同的观赏角度，领略不同纬度的大好河山，望着远处更高的山顶："出发，去征服那座高山。"这就是头领的探索精神，一种探无止境的精神。

工程联营领域都知道河南颍淮是一颗新秀之星，可谁知道当初创业时我们借遍了亲朋好友，仍凑不够一家三级建筑公司最低要求注册资本金，刚开业，又被黑客诈骗了80万，众人只看到我们在人前的风光，谁又真正了解过成功背后经历的沧桑。

做头狼还真是不容易，据网上一篇对知名企业家的访谈，问这些在市场寒冬中探路的头狼们在创业路上感受最深的是什么，他们竟然异口同声地说了四个字："孤独无助"。这个孤独可不是传统意义上辗转难眠的情绪话题，而是带着企业走在一条"不断求生、绝处逢生、峰回路转"的路上的那种深深的无助感。企业家的孤独是和恐惧同行的。任正非说："我的私生活是痛苦寂寞的，可为了公司能够平衡，我得忍受这种孤独。"他少见于媒体，少见于官场，不出席秀场，甚至用自己的标准"逼"华为的高管：绝对把工作置于家庭之上。任人说是谈非，这只孤独而令人敬畏的头狼，用性命将华为带上一个又一个巅峰。

河南颍淮创始人张林江总是在赶往机场的路上、飞机上、去往酒店的路上，连就餐期间、哪怕晚上休息时也带着一副蓝牙耳

| 工程联营：从布局到落地增长

机，手机里安装了各类商业学习 App，一周保持 30 小时以上的学习时间，总保持一颗积极学习的探索之心，并将所学、所思、所虑，于第一时间与公司领导层展开讨论。2021 年夏季，林州一家建筑企业的负责人来河南颖淮公司考察，该负责人说："在林州建筑圈张总是出了名的爱学习，走到哪儿，学到哪儿，这种学习能力是我们林州建筑企业家的学习楷模。"

武汉学习

在知识爆炸时代，不是看你存储了多少知识量，而是看知识储备的更迭速度有多快。新商业思维接触得越早，就越容易形成信息差，拥有商业信息差就能够快人一步，不断累积这种信息差，就会形成信息代差。一旦形成信息和思维上的代差，企业就可能拥有了一次飞速发展的机会，一次次机会中策划实施方案，就形成商业发展中的速度代沟，优秀的企业总是没有过不去的坎，但也有过不完的坎，每跳过一个坎，脚下的土便积累得厚了一点，企业积累的发展力就越强一些，在激烈的商业竞争环境中赖以生存和发展壮大的基因就多一些。

能开路是头狼必须拥有的第二个能力。探好了路，头狼要做的可就是带着狼群开路了。再难的路，只要方向是对的，头狼们就必须义无反顾地冲在最前面。无论前方有深可埋身的积雪，还是有一眼望不到边的深蓝之海，抑或是高耸云端的山巅。我们既然扬起了风帆，就有抵达彼岸的勇气和力量，我们既然迈开了脚步，就有丈量山巅和翻山越岭的信念。

对于头狼来说，在开路途中，自然不会缺少荆棘，流血也是家常便饭。但为了安全度过每一个寒冬，必须忍受冬雪的寒冷和流血的疼痛，练就一身抗风寒、抗饥饿的基础本领。

按照狼群法则，头狼可是狼群的优秀代表和榜样，更是狼群的核心所在。没有头狼则群狼无首，一只狼在森林中很容易成为其他动物的猎物。在头狼的带领下，狼群呼啸山林，出没草原，成为一方主宰。在整个群体遇到困境时，它必须挺身而出，用自己最锋利的牙刀将敌人扑倒，就算率领狼群逃离，都要临危不乱。所以，头狼传递的可是一种榜样的力量，它的拼搏精神影响着整个狼群的意志力。

一旦踏上创业这条路，头狼们可以做的只有开路，开路，再开路。在这条路上，拼的不仅是聪明才智，更是打不垮的意志力。

能带路是头狼必须拥有的第三个能力。千万别说累。也许你会说：探路是你，开路是你，带路凭什么还是你？没办法，谁让你有一个荣耀而又悲壮的称号叫"头狼"呢。

创业型公司，Boss就是那匹头狼。探了路，开了路，还要坚持去带路。这些让人心疼的创业头狼们恨不得三头六臂，既是市场排头兵，又是技术后援队，创业型企业的老板们，真是集万千能耐于一身，他们如此努力拼搏是为什么呀？第一：为了企业走在行业的前列，甩开普通竞争对手。第二：不就是为了告诉小狼们："我都这么努力了，你好意思不努力吗？"只有头狼对公司有信心，狼群才会有斗志，只有头狼愿意披荆斩棘，小狼们才会竭尽全力。

探了路，开了路，带了路，其实还想再补充一点，那就是"让路"。

会让路是头狼必须拥有的第四种能力。头狼和小狼们的关系，表面看来是领袖和跟随者的关系，但说到底，其实也是一种同路关系、伙伴关系。尤其是现在人才为王的时代，越来越多的头狼不再只是一个人拼命，而是开始选择与一群优秀的小狼合作。他们一起制定发展规划、整合组织资源、优化组织结构、提升团队文化，当小狼有能力开路时，头狼的使命不再是探路、开路、带路，而是让路了。

有的头狼做了一辈子的光杆司令，坚持在头狼位置上做到心力交瘁，最后孤独到老。有的头狼组建团队后，就想方设法找到更多的头狼，或者培养出更多的头狼，每个部门培养一名头狼，形成头狼战斗群，这样狼群一呼百应，相互配合，在战略规划的指导下，迅速将企业做到了行业中的头狼。虽然都是头狼，其中的差距可真是不小。

河南颖淮非常重视培养头狼文化，催化培养各部门负责人，给予各部门负责人较高的管理权限，并在部门内部推荐实行师徒制度，用师徒制度作为培养头狼的人才战略落地支撑。

2021年师徒奖励颁奖现场

如果问谁是世间最强师傅，可能每个人心中的答案各有不同，但鬼谷子绝对能算得上其中一位。鬼谷子，王氏，名诩，别名禅，战国时代传奇人物。著名谋略家、纵横家，兵法集大成者，诸子百家之纵横家创始人，精通百家学问，因隐居在云梦山鬼谷，故自称鬼谷先生。被后世尊为"谋圣"，在文化史上，鬼谷子是与孔子、老子并列的学术大家。

战国时代，群雄并起，旷世奇才鬼谷子踏上了勤王强国之路。他与门生（徒弟）孙膑、庞涓、苏秦、张仪等壮志凌云之士组建起了最强大脑战团，前赴后继，匡扶正义，拯救天下，战国帷幕就此拉开。豪杰义士，权臣枭雄，浪子红颜；合纵连横，结束战乱、统一文字、统一度量衡等。每一个置身其中的人，都成为天下板块分合变动的核心要素，而掌控局势的鬼谷子，隐于世外，旋转乾坤，执手黑白，将天下置于棋局，弟子出将入相，左右列国存亡，推动着历史的走向。

武则天时期的宰相——狄仁杰，《资治通鉴》一书中有云"天下桃李悉在公门矣"，即对狄仁杰的高度评价。而如今，"祝老师桃李满天下"成为学生对老师最好的祝福。

国以才立，业以才兴。人才是企业发展的根本，是推动企业跨越式发展的第一生产力。不断吸收顶尖的人才，是每个企业不断开疆拓土的必要条件，一个运行良好的师徒体系，不仅对新员工的"企业化、专业化、职业化"这职场"三化"有促进作用，也对推动企业科研创新、降低员工流动率等方面有不可忽视的影响。

随着经济的高速发展，企业间的竞争日益激烈，企业间的竞争归根到底还是人才的竞争，"闻道有先后，术业有专攻"，企业中到处有值得你学习的老师。一个人在人生的路上，如果有一位好老师，会少走很多弯路。据有关资料统计，《财富》杂志排名500强的企业中，71%的企业中均设有员工师徒制。

有没有师徒制，对员工的事业发展影响很大，这种制度的存在让企业"老员工"缓解了岗位压力，企业"新员工"加快了适应脚步，进而提升了企业发展的速度。追踪一家高科技公司里1000名参与师徒制的员工在之后5年内的发展情况。结果发现，有师傅带领的员工，获得晋升机会的比例是没有师傅的员工的5倍。担任师傅者获得升迁的比例，是没有担任师傅的员工的6倍。不仅如此，师徒制还有四大好处：一，增强员工之间的凝聚力，壮大企业专业技术人员队伍；二，节约企业的培训成本，有助于企业管理方面的创新；三，对于老员工而言，在带给其新思维的同时也激发其进一步钻研本岗位业务的动力；四，就企业内而言，则是人才成长有利于促进企业进步与发展。一举多得的模式，着实应该在企业的发展实践中多给予些探索与试行，让这种好的模式得以传承。

师徒制中，师傅给予徒弟工作和生活上的帮助和建议，并且提供情绪上的疏导，从而促进员工学习和成长，这些是通过训练课程、研讨会或者书籍都很难获得的效果。

拜师仪式

虽然师徒制的效果很好，但是推行起来并不容易。公司要寻找适合担任师傅的员工、为员工进行配对，精神上和物质上的奖励措施都要及时落实到位。

第一，先定师傅，后定徒弟。

难道不是先招生，后有师傅？在企业中不是这样，首先要考察师傅的综合素质、思想、文化、价值观是否正向。师傅会影响整个团队的风气和价值观。

其次师傅要有传道解惑的心态，心甘情愿地将知识和技能传授给徒弟，心理上将徒弟当作兄弟姊妹，无论是工作上的难题还是生活上的困惑，徒弟均可向师傅求助。师傅要有创新的理念，有带团队所需的风度和格局，有作为师傅的担当和责任。如果徒弟进步慢，不是徒弟的错，而是师傅教导无方。

选徒弟则一定是从经过试用期后的正式员工中选择，好学、谦虚、上进的品质是必须具备的基本素质，还要具备知之为知之，不知为不知的诚实态度。

第二，师傅的绩效跟徒弟的绩效挂钩。

在企业中，每个成员都有自己负责的工作，除去工作，还要付出较大的精力去培养徒弟，如果企业在激励措施上落实不到位，也会让师徒制度落空。河南颖淮设计师徒制度之初，就将奖励制度作为推动该制度的核心动力。随着徒弟对工作的熟悉和技能的提高，便可为其分配 PK 任务。师傅的激励与徒弟的工作紧密相关，只有徒弟完成了 PK 任务从中获取 PK 奖金，师傅才能够获取相应的激励从而达成双赢。

这就像在大学期间导师带着学生一起做项目，在做项目的过程中自然而然地产生性格的磨合、解决问题的协作、思路的碰撞等。每一项 PK 任务结束后，都要将 PK 任务的激励措施及时落实（不超过 1 个月，最好不超过 1 周），及时落实激励措施对新员工来说是最大的心理激励。

徒弟每得到一份奖金激励，公司都会额外补贴给师傅一笔奖金，这笔奖金额度为本次 PK 奖金中徒弟激励奖金的 50%，如果一位师傅有多个徒弟，而多个徒弟在一年当中累计得到奖金 5 万元，则师傅可以得到公司奖励的 2.5 万元。这样的底层激励逻辑，会推动公司员工积极向师傅的门槛迈进，从而不断推动公司团队的整体素质提高。

选好师傅，定好徒弟，择选良日，2020 年 4 月 1 日在河南颖淮 26 会议室内举行了首届拜师仪式。

四位师傅庄重地坐在师傅椅上,徒弟面向师傅,向师傅敬献一杯沉甸甸的"敬师茶",一杯清茶清如水,师徒情谊深似海。

马太效应初现

从前，一个国王要出门远行，临行前，交给三个仆人每人一锭银子，吩咐道："你们去做生意，等我回来时，再来见我。"国王回来时，第一个仆人说："主人，你交给我的一锭银子，我已赚了十锭。"于是，国王奖励他十座城邑。第二个仆人报告："主人，你给我的一锭银子，我已赚了五锭。"于是，国王奖励他五座城邑。第三个仆人报告说："主人，你给我的一锭银子，我一直包在手帕里，怕丢失，一直没有拿出来。"于是，国王命令将第三个仆人的一锭银子赏给第一个仆人，并说："凡是少的，就连他所有的，也要夺过来。凡是多的，还要给他，叫他多多益善。"这就是"马太效应"，反映当今社会中存在的一个普遍现象，即赢家通吃的现象，或者可以说二八两极分化也是源自马太效应，根据马太效应也就不难理解商业或者生活中的种种"奇怪"现象了。

社会财富

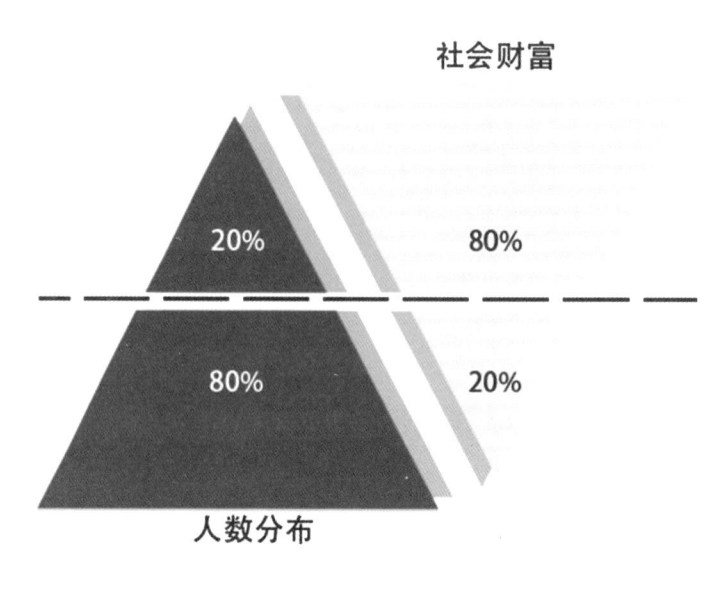

20%　80%

80%　20%

人数分布

二八定律

马太效应是社会学现象，指拥有资源越多的将获得更多的资源。在政治经济学里，平台会相对放大资本的辐射范围，也可以说平台是资本体系表现形态之一。资本体系存在的根本目的是寻求利益并追求最大化。"天之道，损有余而补不足，人之道则不然，损不足以奉有余。"

"马太效应"在社会中是广泛存在的，尤其是在经济领域内存在着"强者恒强，弱者恒弱"的现象。它反映了个人或者企业的两极分化，社会各个领域几乎处处可见其踪影，任何个体、群体或商业经济，一旦在初期获得微薄优势，就会产生一种积累优势，就会有更多的机会取得更大的进步和成功。心理学家分析说，"马太效应"揭示了一个不断成长的个人或者企业的需求原理，关系到个人或企业成功的关键，其在商业上基本走出了这样一种模式："规模经济"→边际成本递减→行业头部化→寡头与垄断。

失败是成功之母。这句话，从小时候，父母就一直在孩子耳边唠叨。上幼儿园后，幼儿园课本也印着图文故事，告诉小朋友：失败是成功之母。毕业后刚参加工作，领导有时候也会鼓励说："小张啊，失败是成功之母，继续努力，加油。"这句看似励志的话，它的局限性其实是非常大的，这句话可以在"术"的层面上实现提升，但很难促成质的提升和变化，现实是无情的，只有成功才是"更大的成功"之母。

整个世界就像是一个巨大的赛场，一旦竞争者在初期获得一点点优势，在后来的竞争过程中，这种优势就会像滚雪球一样越滚越大，最终导致成功者和失败者之间的差距大得难以想象，会影响很多年甚至一个时代。

小胜只能胜一时，如果不扩大这种优势，迟早会被赶超，只有将竞争优势进一步扩大，将竞争对手甩得很远，才能赢得层级上的胜利。

| 工程联营：从布局到落地增长

领导力学习

　　河南颖淮在 2018 年时基本拥有了二三十项工程资质，截至目前已经拥有了 37 项资质。虽说没有一级资质，但是河南颖淮凭借着资质种类多、跨度广，利用降维竞争和错位竞争，以及精确定位和渠道下沉等方法，快速积累了 2000 余项工程业绩，良好的工程项目业绩数量为河南颖淮带来了各种荣誉，使河南颖淮常见于各大工程类查询网站的月度中标排行榜的榜首位置。近三年累积中标数量，河南颖淮建工有限公司在河南民营建筑企业内排名稳居第一，在全国民营建筑企业内排名前 50。所以河南颖淮的初期口号是"资质不是我们的强项，服务快才是我们的优势"，发展到中期，随着工程数量的增加，口号也发生了改变，"中标多、服务快"成了河南颖淮的新口号。

　　按照马太效应理论，如果一个人或者企业在发展初期积累了优势,并将优势不断发展壮大,从而拉大了与后来者的差距,那后来者就没有机会了吗,"后来者居上"难道就成了伪命题,山村里难道再也出不来状元了?

英特尔公司总裁葛洛夫先生有一句话:"当一个企业发展到一定规模后,就会面临一个战略转折点。"就是说,管理者要改变自己的管理方式、管理制度、组织机构,若仍用过去的办法,就难以驾驭和掌控企业,更不用说持续经营。所谓"一千万障碍",就是很多企业在利润收入不到一千万时做得很好,一旦超过一千万很快就会遇到阻碍了。为什么?因为一千万以下可以人盯人,靠个人,靠全家人去管理,超过一千万,人盯人就难了。超越这个阶段就不要再用人去管,而要用制度。企业发展的不同阶段、不同规模必须有不同的管理方式,这是爱迪思先生强调的关于企业生命周期的一条基本规律。

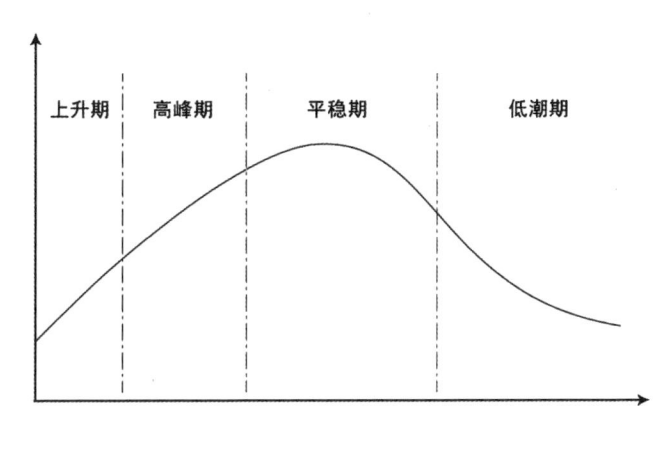

企业生命周期

普通企业的周期运行顺序一般为：上升期（3年）→高峰期（3年）→平稳期（3年）→低潮期（3年）。这种普通型变化最为常见，60%左右的企业属于这种变化。它的4个小周期的运行相对比较稳定，没有大起大落，当然这中间没有考虑外部宏观环境的影响。

钻石恒久远，一颗永流传，是对美好事物的向往，可惜世间没有恒久远的企业，就像不存在永动机一样，不存在永恒的马太效应。作用于同一个人或者企业的马太效应，不会持续很久，更准确地说，是每个物种、个体，都有其兴盛衰败的生命周期，如果把这个时空尺度拉得足够大，几乎找不到案例能佐证马太效应可以无限持续下去。为什么马太效应不会永久持续呢？因为这个世界还有边际效益递减效应与其相生相克。

诺基亚发展至巅峰的时候，占据了全球手机市场43%的份额，占领行业半壁江山。但是曾经傲视群雄的诺基亚，如今却已经淡出了人们的记忆，消失不见了。那个曾经令无数人又爱又恨、让比尔·盖茨连续17年成为世界首富的微软，虽然依然是PC桌面办公的王者，但如今互联网90%的流量都跑到移动设备上去了。

曾经风光无两的柯达，在巅峰时期比今天的苹果和华为还要辉煌得多。我们小时候照相用的基本都是以胶卷为介质的相机，那时候柯达常年占据全球相机市场至少70%的份额。在很长一段时间内，我国只有一款相机和胶卷，就是柯达公司生产的。街角的店里，摆着柯达黄色的胶片盒子，是几代人的记忆。1983年时，柯达的业务遍布全球，并拥有超过12万名员工。在1997年时，柯达迎来辉煌的顶峰，市值接近300亿美元，在全球品牌排行榜上位列第四名！曾经红极一时的柯达，进入21世纪后，却不再是影像大佬们的唯一选择。这个20世纪八九十年代摄影界当仁不让的一哥，在辉煌百余年之后逐渐退出市场，到底发生了什么？

进入21世纪，科技发展迅猛无比，数字浪潮席卷而来。21世纪开始，柯达的销售业绩急剧下降，而此时的日本数码相机品牌不断推陈出新，在数码行业中大展拳脚。柯达保持老牌王者的尊严，丝毫不惧，坚守胶片市场。2002—2003年，柯达终于开始意识到传统胶卷已经没落了。柯达终于宣布，放弃传统胶卷市场，转向数字产品。然而，它早已经错过了最佳时机，无力在数字市场占领一席之地。直到第二次战略转型，也未能抵御数码大潮的强势进攻，而不得不宣告破产。

曾经在国内电视行业有着近乎"垄断性"地位的品牌——长虹，一度有着"彩电大王"的美誉，如今也是不复当年风光。在2000年之后，电视行业发展有了两条技术路线分支，一条走等离子路线，一条走液晶路线，长虹重金押注等离子电视，结果等离子生态没有建立起来，液晶屏幕生态圈却成长了起来。2005年，索尼、东芝放弃等离子业务；2008年，日立、先锋相继宣布退出等离子面板生产。韩国的三星和LG电子也放弃了等离子面板；中国台湾的中华映管等也出售了等离子业务。等离子面板行业渐渐只剩下松下和长虹相互取暖，不过最终松下同样放弃了等离子——长虹终于成了"孤家寡人"，并萌生退意。

2021年11月，集团平台（由一家公司发展到一个平台，颖淮为主体）中标项目286个，这个数字也许是一些同行企业多年累积才能达到的中标数量。企业一定要趁着初步发展时期积累的优势，利用马太效应快速滚动雪球，尽可能推迟边际效应的到来。有人说：企业就像一支足球队，随时处于能踢的状态，有日常的体能训练，充分的协作精神、进攻意识和获胜的渴望感。这些要素如果没有，那么企业可以暂时休息，但不能上场踢球，这是一个自然的竞争生态，你想停也停不了。只能不停地前进，布更大的局，做更好的产品，服务更多的客户。我们永远不能满足于现状，要时刻拥有"增长心态"，哪怕前进路上有风险性和不确定性，要接受风险，在犯错误时及时调整。如果不更新商业模式或者商品，一味靠经验走老模式，会迅速从商业竞争中出局。我们的目标就是：比友商更勇敢，更新速度更快，不断产生新的马太效应，达到规模马太效应、叠加效应。

专注——细分

在互联网时代有着"赢家通吃"的行话，尤其是高精尖行业已经进入了全球细分化竞争时代，市场份额区间不断缩小的同时，竞争压力与日俱增。互联网在建筑工程领域基本上还是本土竞争的状态，虽然竞争没有达到全球化的地步，但是工程领域是一个周期长、产业链长、资金量大的特殊行业，精细化运营依然是在资本横行的行业里能否分得一杯羹的核心切入点。

品类升维：从大品类中找到细分赛道。PayPal创始人彼得·蒂尔曾经说过："如果全世界都用同一种旧方法去创造财富，那么创造的就不是财富，而是灾难。"

同质化竞争中，是没有胜者的，就算战斗到了最后，有了象征性的胜者，依然是血淋淋的胜者。"莫尔斯法则"指出，可持续竞争的唯一优势来自超过竞争对手的创新能力。直白地讲，就是要打造差异性和细分化。企业想要长期保持竞争优势，就需要找到细分领域，在细分领域内快速积累原始优势，通过原始优势快速发展，形成规模性优势，从而在细分领域碾压对手。

商业的发展轨迹始终无法摆脱社会发展和宏观政策的影响。

| 工程联营：从布局到落地增长

我们所处的这个时代，行业在细分化、产业链在细分化，商业竞争也在细分领域激烈进行。对于定位于专注服务中国中小民生工程的河南颖淮建工来说，民营企业房建类项目由于项目周期长、资金风险大，所以不在公司服务范围之内。无论房建类项目利润多么丰厚，我们坚决不为所动，只专注于民生类基础建设。让我们如此坚持的原因有二。第一，从源头上筛选优质项目以防止"病从口入"；第二，想要承接大型民营房建类项目，势必要组建强大的项目管理团队，而且一旦发生纠纷，就要做好打几年官司的准备，管理成本将指数级增长，而管理项目不是我们的强项，我们的强项是运营和服务项目的前期工作，因此目前我们只专注一个细分领域的一个细分周期的工作。

人性——文化

所谓商道即人心。真正成功的从商者，获得的不仅是利润，更是人心。所谓公司经营，就是在获得人心的同时，"顺便"收获了利润。在困难时期，与公司共患难、共成长、共命运的员工和中高层领导，哪一个不是公司忠诚的卫士？

在公司会议上经常听到："让听见炮火的人指挥战斗"。这要求我们不仅仅要更快地做出决策，更要让所有人了解市场的温度。无论是供不应求的良好环境，还是无人问津的恶劣市场环境，都应该让公司的每一位人员了解，通过市场锻炼出经营人才。在锻炼人才的时候，一定不能让在前线奋斗的人员感到孤军奋战，要让前线人员随时随地感受到组织的关爱，让他们心有所属，将前线和后方联系在一起，实现全员参与经营就会变得更容易。

稻盛和夫的经营哲学中提到要以让员工物质、心理两方面都得到幸福作为责任。关心员工物质、心理两方面幸福应该有落到实处的体现，尤其是做出突出贡献的优秀员工和主管，仅仅给予奖金还不够，还应该让他变成经营者。要做到人人都是经营者，不仅要让员工有经营者思维，还应该让员工享受作为经营者带来的回报，那就是股权激励。目前，河南颍淮33%以上的骨干员工都持有了股权。在独立核算的基础上，进行股权激励，这让员工在企业提供的平台上，不仅可以像老板一样经营，还可以和老板利益与共。

为了把公司变成一个创业平台，我们提了很多文化标语，比如让每个人都成为奋斗者，以奋斗者为本。这件事情本身没有错，但其中有一个前提条件——员工必须拥有较强的经营能力、一致的方向和目标，这是非常重要的。而企业文化就起到了统一方向和目标的作用。2020年是河南颍淮企业文化建设元年，通过企业文化建设推动了企业的凝聚力。

利他——利己

稻盛和夫说过:"利己则生,利他则久。敬人者人恒敬之,爱人者人恒爱之,如此而已。"并强调他所有的成功之道,不过八个字——敬天爱人,利他之心。

利他,是企业走向长远,走向强大的核心因素之一,企业在发展过程中,如何平衡利益始终是让企业经营人员最头疼的事情之一。

怎么帮扶我们的客户,让我们的客户在困难时期持续成长,是我们2021年工作的重中之重。于是在2021年初,我们企业就抽调骨干精英成员组建了客户帮扶部,其唯一目标就是帮助客户成长,帮助客户发展其客户。在帮扶部门和客户的双重努力下,我们公司从2021年初拥有80位合作伙伴,发展到2021年11月份拥有200多位合作伙伴,这份成绩的背后,离不开各位伙伴的努力,也离不开一些关键因素:首先是确定了"帮扶客户"这个主体战略,其次是通过多次会议不停宣传帮扶客户的概念,使之深入员工内心。

2020年以来,在整个社会环境、行业竞争格局、消费者需求状况几乎都发生了重大变化的情况之下，依然有大部分的企业选择"进攻市场"以提高销售额，但在拓展新业务的时候，过去打下的据点却由于疏忽而被蚕食，以往的老客户因为企业对其疏于维护而与企业分道扬镳。

"进攻市场"这种看似积极的战略却面临着巨大的风险，不同时期，客户的底层需求是不同的，要分析客户真正的需求，不要单一地认为客户的需求不会变。如果不了解客户的需求，就无法制定出符合市场规律、符合客户需求的战略规划，一个战略方向的错误，远比十个百个战术上的错误更加严重。

所以说，企业就是要去探索新环境、新市场、新态势，去挖掘"隐性需求"，让自己的战略方向与市场和合作伙伴"适配"。事实上，在社会不确定因素增加的情况下，客户会衍生出很多新需求。"隐性需求"的量，要比"显性需求"大很多。

比如说，2020年新型冠状病毒感染出现后，很多电动车企业一片哀号，电动车企业认为大家都宅在家里，不出门了，需求被严重压缩，哪里还有订单，如何还能销售出去？而雅迪却发现，随着全国大多数地区复工，消费者出行因担心公共交通人流密集会使感染风险增高，而更倾向于选择私人化交通工具，原来乘坐公交车和地铁的一部分市民改骑电动车了。雅迪加大了销售推广的力度，2020年其电动车销售量突破了1000万辆，业绩同比增长77%！这就是利用逆向思维取得成功的最佳案例之一。

此外，城市较乡镇人口密集度更高，出行需求更旺，而电动车则能承接城市主流人群的出行需求。为此，雅迪启动安心出行推广活动，加强新国标电动车产品研发，凸显电动车绿色安全价值，致力于撬动原本没有购买计划的主流人群。

这就是挖掘了客户的"隐性需求"。在不理想的经济环境下，很多企业可能第一个想到的就是以降价求收入增长，但降价策略是一个有效期非常短的战术，长期来看，得不偿失，价格降低则利润降低，企业运营的各项服务质量也可能随之降低，由此进入恶性循环。

避免在"显性需求"里陷入"价格血战"，挖掘深层次需求，才能真正为客户的底层需求服务。

存量市场总额度确实不多，确实是在减少，而且是供大于求，这样的情况下，很容易发生"价格血战"。

但是大家一定要记住，"价格战"就是"商业的瘟疫"，它给企业带来的影响，甚至比真实的瘟疫还要严重，价格战是杀敌一千自伤八百的战术，只有在降维打击战略中才会奏效，否则就是"自寻短见"。

极致——互联

降本增效是传统企业最常用的措施之一，比如打印纸双面使用、空调及时关闭、室内灯光照明按时启动等措施，这些措施只能在微观上降本增效，达不到根本性的降本增效，人工成本的持续增高及单靠增加人员难以解决的工作流程问题，使企业难以以传统的招聘、解聘方式来实现降本增效。难以从根本上解决的降本问题，只有另辟蹊径，从互联网入手，让自动化融入办公流程中，让大量重复性、计算性、统计性工作依靠计算机处理，从而降低对人力的依赖程度，这是当前实现降本增效的最有效的途径。

互联网对"00后"企业来说并不陌生，我们虽然是传统企业，但是生活在互联网时代，不借助互联网，就是错过了这个时代的优势，"风口"来了，我们若依然无动于衷，何谈在竞争激烈的市场中异军突起？想要顺风而行，靠的就是一次次创新，一次次迭代，随"云"转型，拥抱"数字经济"，与时代同行。如果某个公司的年度总结报告中说本年度降本增效达10%以上，那么这家公司肯定做出了宏观性创新或者改变。2019年初河南颖淮提前开始布局了数字化转型，到2019年底基本实现了办公流程线上化，为2020—2021年的收入高效增长打下了良好的基础。

2020年，稚嫩的数字化流程支撑起了河南颖淮公司的办公体系，线上化的流程丝毫没有影响与合作伙伴的业务往来。技术部门按照公司战略部署快速对接了电子签章任务，为数字化业务合作打下了良好基础。

2020年，公司对网络技术部门提出了更高的要求：进一步推动数字化转型。并提出了"一切业务数据化，一切数据业务化"的目标，确定了基于业务中台和数据中台的数字化转型规划方案，旨在实现数据挖掘，建立自动化、智能化的分析决策模型，推动业务创新。2021年网络技术部针对公司数字化办公平台进行迭代优化达70多次，一次迭代优化，也许没有明显的效果，但经过70多次的迭代，现在的系统已经越发成熟，每次优化均能够在办公流程上做出改善，提升工作效率。

快

"快"是河南颍淮的生存法则，快到可以用数字量化的地步，对手就只有被"吊打"的份儿了。唯有快才能制胜，才能跟上时代步伐。行业内很多公司都在以服务快为公司特色做宣传，但到底怎样才算快呢？不同的人对快慢的理解不一样，就像我们常说的"等等我，马上"，有的人可能认为"马上"指1分钟，有的人可能认为指几个小时，有的人甚至会认为是指几天，所以不能用这种模糊的词语来表示快慢，只有用统一的时间单位（例如时、分、秒）来表示，才能让人真正感受到速度。

服务快一直以来是公司主打的服务特色，在2019年实现数字化办公之后，就将服务快进行了量化。为了让客户真正感受到办事效率高，初始时将往来保证金转账时间保证在300分钟以内，也就是5小时之内必须将合作伙伴的保证金款项转至合作伙伴账户。而很多同行转款速度基本还处于看业务量多少来决定，比如当天业务量少的话则当日转出，业务量多的话，那就第二天再说，时间上没有具体量化，客户在不知道主体公司业务是否繁忙的情况下，只能干等着，心里十分煎熬。

在人类大脑潜意识当中，虚拟化、没有量化的事件是不好记忆的，想要让人记忆深刻，就必须用具体的数字表示。比如说，2004年雅典奥运会男子110米栏，刘翔以12秒91的成绩追平了由英国选手科林·杰克逊创造的世界纪录，夺得了金牌，成为中国田径项目上的第一个男子奥运冠军，创造了中国人在男子110米栏项目上的神话。这个12秒91就是对时间的量化。河南颍淮2019年制定的往来保证金300分钟内完成转账，通过不断优化，目前已压缩至291分钟。把时间进行量化后，就可以看到公司针对业务系统的不断优化，同时加深用户的感知度。即使友商宣传说"我们的服务器也很快"，但说服力显然不够强，无法让客户知道到底有多快。市场上的客户可能每天都听到这样的营销话语，对于能不能实现，心里并没有底。

想让客户形成河南颍淮办事效率高、服务速度快的概念，离不开自动化办公系统。它有着无可比拟的优势，那就是具有时间记忆特性。某位合作伙伴于几点几分提交转款需求，出纳至几点几分将款转出，每一步办理时间都会有相应的时间戳，这样就可以将服务快全面落地，实现可视化监督。

在规定时间内办结合作伙伴提交的申请，是公司所有员工的职责。财务人员通过视频形式向公司所有合作伙伴做出了承诺，如在规定时间内没有办理完毕，则赠送合作伙伴豪华旅游一次。该项承诺自公布以来，一直坚定执行。

凡事总有疏忽的时候。2020年夏季，经营部人员去内蒙古出差，客户在同事登机之前提交了转款申请，但由于天气不好导致飞机延迟降落，原本只有两个多小时的航程被延长至五个多小时，在飞行的过程中手机收不到信号，因此导致了本次转款超时。虽然是因为不可控因素导致的转款延误，但做出了承诺就要兑现。为此，相关负责人专门驱车前往合作伙伴所在城市兑现承诺，但由于当时新型冠状病毒感染正流行，旅游风险太大，所以改为以现金的形式兑现承诺。这也是该承诺实施两年来唯一出现的一次转款延误，综合准时保障率达到了99.9%以上。

产品只是我们的标配，服务快才是我们的特色，一个"快"字，让公司有了脱颖而出的力量，有了逆势增长的动力。

商业模式

今天，无论是创业者还是风险投资者，都将商业模式挂在嘴边，也就是我们常说的项目赚钱模式。商业模式是商业最顶尖的战略核心，也是最具有吸引力的部分。只要是一个商业组织，就有自己的商业模式，包含了企业的市场定位、价值所在等核心因素。因为大家相信，好的商业模式才是商业成功的基础，没有良好的商业模式，即使你的管理团队和业务团队再优秀，也可能遭遇重重困难。

客户服务中心

任何商业都离不开商业模式的支撑，商业模式、管理模式、流程模式、文化模式等形成了公司整体发展模式，哪怕很小的一家包子铺也可能包含了多种模式。商业发展数千年来，从以物换物的原始商业到比特币等区块链货币的出现，货币种类随着科学技术的发展日益丰富，又孕育出了繁杂多样的商业模式和理念，这是一个百花争妍、异彩纷呈、自由创造的时代。

商业模式是指企业与企业之间、企业各部门之间，乃至企业与顾客之间、与渠道之间都存在着的各种各样的交易关系和联结方式，这就是商业模式。一般地说，服务业的商业模式类型要比制造业和零售业的商业模式类型更复杂。

我们深知企业发展的关键在于不断开发新技术和新产品，以及良好的商业模式和管理模式，然而，有多少中小企业能有闲余资金和人力用来在技术和产品上做出让人惊讶甚至革命性的创新呢？只能想方设法在商业模式上做出突破性的改变。面对产品严重同质化、供需市场偏重化、大数据监管标准化、行业改革加速化，很多企业如果没有任何业务模式上的创新以拉动企业业绩增长，那么不要说在很远的未来，当下就已经遭受了非常严重的冲击。

商业模式的设计是顶层战略的一个基础底层部分，说它是顶层战略，是因为模式一旦确定，所有的努力都将以它为准绳，说它是基础底层部分，是因为设计管理模式、业务模式、文化模式都要以商业模式为基础。正所谓：没有战略，不谈战术，没有模式，不谈产品。

很多老板都说，生意难做，市场难干，客户刁难，竞争激烈，年纪轻轻却已累得满头白发。这实际上就是用战术上的勤奋掩饰战略上的懒惰而导致的结果。现代管理学更是学派甚多，诸如KPI考核、OKR考核、阿米巴模式，等等。哪一种模式都没有对错，也都算不上完美，只有适合企业自己的才是最好的，就像世界上没有同样的两片树叶一样。我们不能生搬硬套某种模式，我们可以借鉴某种模式的核心思想，将多种模式结合起来。

我们一起回想一下，在上中学或者高中时，你是不是有这样一类特殊同学：上课时他在打瞌睡，我们在认真地听讲；下课时我们在努力地写作业、上辅导班，他却玩去了。可当老师提出疑难问题时，人家却什么都会，考试成绩也远远超出我们一大截。这难道是智商的差别？我个人认为，是学习模式不同，就像各企业的商业模式不同一样，同样的知识、产品，不同的商业模式，创造了不同的利润。

外出学习晚间研讨会

在建筑联营服务行业，产品单一且同质化问题极其严重，如何设计一套极简、人性化、高效的商业模式迫在眉睫。

任何行业都有标准，如果某个企业参与制定了某项行业标准，那么可以使该企业快速成长起来，成为行业耀眼的主角。要想在无数企业中脱颖而出，就必须趁早拿下某个制高点，拿下一个制高点，就可能为企业带来长期的高额利润。

行业标准的更新速度也是非常之快，通常一年一变，甚至更快。比如工程资质联营行业默认的管理费用的点数，刚开始肯定是某个企业设定的，后来大部分企业也就沿用了这个点数。

我们追求的是少管理，甚至不管理，降低成本的背后就是企业管理综合能力，能够把管理成本降低，是企业综合管理能力的最好体现。我们不妨让合作变成合伙，双方在整合彼此的优势资源的基础上，我方拿固定费用，你方拿大头利润，如果合伙人能力强、资源广，那合伙人就多得，这也遵循了最基本的多劳多得的理念，符合人性最底层的利益驱动基因。

这种模式让客户有自主行动权，我们则是做好后援，成为合伙人坚强的后盾，合伙人能够按自己的想法做事，我们也能够专心为客户排忧解难。

当合伙人达到一定数量之后，再为合作伙伴设计出一套发展的激励措施。

合伙人有了利益驱动，必将积极自主发展合作伙伴，发挥最大主观能动性。如果一位合伙人能发展一位或者两位合作伙伴，那么短时间内就可以将客户数量增长 200%～300%。通过最少束缚的管理，设计人性化的方案，减少利益冲突，达到双方共赢。能微创新的，我们就微创新，以微创新盈利模式，匹配人性化的管理模式，建立透明化的约束共享平台。同时根据市场反馈，动态调整各个模式中的参数，建立盈利模式备选方案，坚持不断创新。

如何看待智能化模式？

在现阶段经济生产活动中，效率最高的模式就是自动化或者流水线模式。有些人说，如果没有福特汽车，就没有现在汽车的普及，亨利·福特发明的流水线生产模式结束了汽车纯手工组装模式，成为汽车历史上的里程碑，让汽车以生产成本低、效率高的优势走进了千家万户。流水线模式的发明让福特在汽车工业领域留下了不可磨灭的地位。稻盛和夫直言："在规模化的工业流水线中，真正的制造成本可能只有梅子核一样小。不同工种的工人分布在流水线上的各个环节，每个人就像一台组织精密的机器一样按部就班，不断重复着一样的工作。"

2021年特斯拉成为全球市值最高的汽车公司，特斯拉的市值已经超越了丰田、大众、奔驰和宝马等车企的市值总和。投资者之所以看好特斯拉的未来，不仅是因为特斯拉电动车颠覆了汽车产业的旧有格局，更重要的是，特斯拉"用机器生产机器"的全自动化技术也颠覆了汽车制造业的旧有格局。汽车工业给人的传统印象就是车身在流水线上露出大量零散部件，戴着面罩的工人在那里忙着焊接。而特斯拉工厂被埃隆·马斯克称作"外星人战舰",里面大量机器人组成的方阵就像有生命一样在自行生产。马斯克甚至说:"不必在流水线周围安排工作人员,否则,这些工作人员会降低生产速度,也就是说生产过程本身就不会有人参与。工作人员只负责维护、升级机器和应对异常情况。"

特斯拉正在做的,就是将流水线的自动化程度推向极致。汽车行业的生产速度一般用每秒几英寸来计量,马斯克正想尽办法使流水线上的自动化机器人加速移动,从而使得流水线的运行速度达到传统汽车生产速度的 10～20 倍。他甚至想要挑战物理学极限,要快到令人的感官反应不过来。可是,实际情况并不如他所愿。特斯拉工厂的实际产能始终难以放量,以致客户下了订单,可能要等半年才能到货。马斯克将这种延误称作"生产地狱"。那些人工本来可以轻松做好的事,比如给电池贴上玻璃纤维声音减震模块,机器人却总是出错,不是没办法拿起,就是放错位置。马斯克最后不得不承认:"过度自动化是一个错误,人类被低估了。"

看似有着诸多优势的"无人化的全自动流水线",在欧美等先进制造业国家已经是非常过时的东西了。20 世纪 90 年代,很多欧美工业企业已经实现(或者接近实现)无人化流水线,原材料投入进去之后产品很快被生产出来,而且是包装好的,现场只有设备维护人员,完全看不到人工操作的痕迹。

不过,这些企业很快就发现一系列致命风险。比如,必须有精通各个制造环节和整个工艺流程的生产线维护工程师来全盘掌舵。如果设备发生故障，高度自动化的系统会不会更难以修理，导致生产停滞？如果几个核心工程师决定离职，是不是系统的运行就会失去保障？如果产品设计出现较大变化，会不会导致这条生产线不能继续使用？如果订单不够，生产线开工时间减少，如何控制设备折旧成本？须知，"生产什么"远比"如何生产"重要，"人机融合"才能保持弹性。

当今时代，工业流水线的进化已转向"合作自动化"，既要利用最新技术，也要兼顾平衡投入产出比。在需要做重复劳动的地方，或者人工负荷比较大的地方用机器人代替人工，而在很多精密制造方面，人工的娴熟程度和高超技术，才是最值得信赖的。毕竟，流水线生产的本质是追求资源最佳配置，效率与弹性同等重要。

在这样的模式下，人不需要多加思考，就可以获得高效的工作成果，自动化为工业领域带来翻天覆地的变化，但在服务行业，如果离开人的思考，基本上寸步难行。因此未来我们依然要坚持人机融合模式，一方面提高智能化水平，解决员工和合作伙伴的重复性操作问题，另一方面，个性化的服务依然依靠员工处理。

财务报表公开化

财务报表就像经营者的反馈窗口。不过有些企业的财务报表只有公司负责人和财务负责人有权限浏览，中高层管理人员不清楚公司的任何财务数据，管理层对公司的经营状况一头雾水。本年度收益多少、支出多少、哪些成本可降，如果这些数据均不清楚，谈何管理？谈何提升？谈何共创？谈何发展呢？

河南颍淮一路走来，其财务月报、季度报、年报均对中层以上人员公开，并每月联合多部门负责人召开月度分析会议，总结亮点和不足，从数据出发不断矫正发展模式，从数据上发现细小问题并提出合理建议，促使各部门在阳光数据下发展，督促各部门整改问题，制订发展增速计划，方便各部门依靠数据统筹部门工作，同时让每位中高层人员都有参与感和风险意识。

坚持长期主义

2021年很多同行建筑企业反映，当年中标项目数量普遍下滑10%～30%。业绩大幅下滑主要有三方面原因：首先是头部国企、央企建筑公司的渠道下沉，可承接项目数量总体减少。其次是市场已从增量时代转为存量时代，市场基本已经被瓜分完毕，市场竞争越发激烈，企业业绩增长越发困难。最后是建筑资质"放管服"的发展理念，使中小金额的基建项目迎来白热化竞争，有时，一个上百万的项目能迎来上百个投标企业。而且行业未来仍有很多不确定因素，工程人始终是不断摸索、试探着前进，如履薄冰。

河南颖淮自创立以来就专注于工程资质服务，在控制风险方面，公司始终秉持着对所有合作伙伴高度负责的长期发展理念，对合作项目进行严格筛选，严格落实"病从口入"的预防理念，就像药品一样，只有原料好，才能药效好。因为任何一家企业都不能保证在管理上百分百不出现差错，如果想从管理细节上管控风险，那么管控的边际成本又会呈指数级增长，所以在建筑企业利润薄如纸的时代，唯有从源头上把控，才是降低管理和运营风险的低成本措施。

永远不吃风险最大的一块蛋糕，是避免遭遇危机的最有效的方法。

河南颖淮在发展道路上遇到过无数的诱惑，但始终坚持本心，不受利益驱动，聚焦自己所擅长的专业领域，这既是对全体合作伙伴的负责，也是对全体股东和职员长期发展的承诺。我们相信唯有坚持长期主义、坚持长期规划、坚持长期发展路线，方有未来。

新人培训

所谓的长期主义，就是企业选定了一个主业，所有的工作都围绕主业进行。一切生产经营活动最终目的都是让主业生态链全方位升级，让优势不断凸显，每一次的微观迭代都是为企业发展和与合作伙伴长期合作做出贡献。

长期主义是在正确的发展道路上，去坚持改进一件件小事。也许很长时间你都看不到这些小事所带来的变化，但是这些小事一旦累积到一定的数量，就会量变引发质变，然后收获那个"确定"的结果。在每一件小事上都改进1%，日积月累下就是天翻地覆的传奇。每做一个选择，考虑的永远是长时间持续下去的结果，比如河南颖淮花费百万元打造的自动化业务处理平台。目的就是为合作伙伴打造一个充满参与性和安全感的合作环境，仅在2021年期间，业务办公系统就更新优化达83次，每次的优化都能切实地为合作伙伴降低沟通交流的成本，让客户需求更快得到满足，无论是流程的顺畅性还是数据的关联度都有了大幅提升。业务办公系统不断更新，也是出于长期发展的考虑，否则何必花费百万元及大量人力去升级办公系统呢？

一家公司的长期发展规划是能够从细节中看出来的。为了让合作伙伴更加直观感受公司的发展理念，河南颖淮选择了让合作伙伴近距离接触并参与公司的业务活动，让双方共同搭建一个公正、透明、互惠互利的合作环境，深化"共生型"合作伙伴生态体系建设。如果能够获取合作伙伴的信任，那么即使企业处在逆势环境中也一样可以获得业绩增长。因为在逆增长宏观环境中，优质的企业反而能够被凸显出来，这时候，忐忑不安的合作伙伴会出现批量的目标转移，寻求安全可靠的公司，这是一家优质企业业绩逆势增长的最佳时机。俗话说："世上无难事，只要肯登攀。"逆势环境中的业绩增长都是靠着一点一滴的长期积累换来的。

人无远虑，必有近忧。长期主义者衡量做一件事值不值得，不是着眼于当下，而是从长远的地方倒推回来，判断当前应怎样选择。

那么长期主义者又有什么样的特征呢？

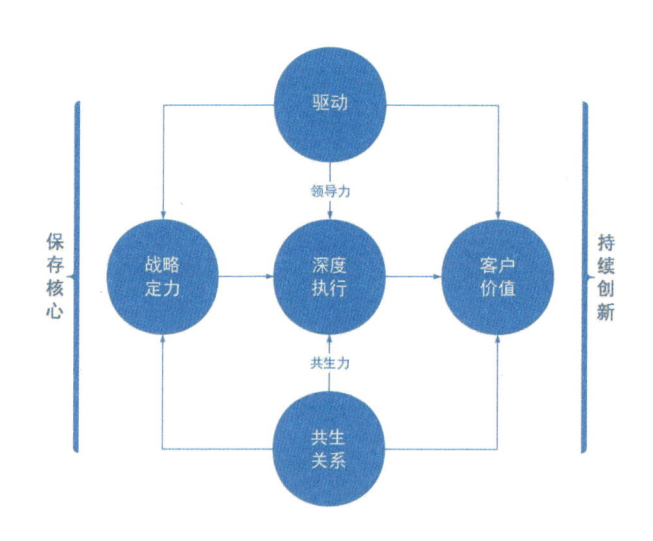

长期主义者思考与行动框架

长期主义者的第一个特征是守承诺和能坚持。能长期投入做一件事，十年、二十年甚至更久，并致力于解决行业内某个问题。正如河南颍淮始终坚持以解决项目经理投标服务繁杂的问题为己任，围绕这个中心理念，所有的工作就都有了方向。

需要特别指出的是，长期主义不仅仅关乎时间的长短，更重要的是要有高远的目标。如果就是为了谋生，重复地做一件事，而水平没有提高、精进，不比同行高多少，更谈不上在行业内领先，也不是真正的长期主义者，按照我们行业的话说，只能算行业的陪标人之一吧。

长期主义者第二个特征是有强烈的利他精神。长期主义者要"走远路"，就需要更多的"同路人"。只有为客户解决底层需求，为大家创造实际价值，才能得到公司利益相关者如合作伙伴、股东、投资人等的真心投入，从而创造更大的价值。

长期主义者第三个特征是不断进行微创新。我们目前做到了办事流程数字化，但这仅仅是公司战略发展的第一步。如何实现场景化是未来发展的关键，我们今年将 OA 优化达 70 多次，70 多次微创新换来的是流程的顺畅化。如果我们把微创新看作一场局域小战争，那颠覆性创新就是具有转折点性质的大型生死战。有战争就有胜利和失败，所以我们重视每一次微创新，采用多次叠加组合创新的方式，按照小步快走的理念进行发展，一步一个脚印，扎实地前进。很多企业因采取颠覆式创新，结果把自己"颠覆"的案例比比皆是，没有十足的把握是打不赢一场大战的。

河南颍淮项目工地现场

有句话说"最好的防守就是进攻",我们则说"在进攻中保守"。我们在稳健中创新,操作简单化、流程高效化、用户场景化是我们未来发展的重点。

"如果你做一件事,把眼光放到未来三年,和你同台竞技的人很多;但如果你的目光能放到未来七年,那么可以和你竞争的人就很少了。因为很少有公司愿意做那么长远的打算。"马云曾说:"我们要做一家102年的企业。"这样的长久发展理念不得不让人佩服。

被称为"平民购物天堂"的零售巨头Costco的CEO西格尔也是这样的人物。他所带领的Costco是世界上做得最成功的零售商之一,拥有很高的顾客忠诚度。

他的秘诀在于，砍掉顾客伪需求，想尽一切办法为顾客省钱，因为货真价实是顾客的基本需求，而如果再加上省钱这一底层需求，那肯定独树一帜了。在其他商家都想获得更多利润的时候，西格尔却制定了这个另类发展理念，这个理念让人惊讶！在全球的Costco里，都藏着一个神秘数字"14"，意思是任何商品定价后的毛利润率最高不得超过14%。超过14%需要董事长签字。Costco的毛利润率，除去成本，交完税款等之后，纯利润就几乎为0了。可见，Costco"完全不靠卖东西赚钱"。而且关键是，这不是被动行为，不是因为竞争激烈而主动把毛利润率降到根本不赚钱的水平。如果问这家企业赚钱吗？那看一下它2020年的财报。2020年Costco销售额高达1630亿美元，位列世界500强中的第27位，而家乐福排在第96位，而且它还是在世界经济增长停滞的大环境中逆势增长，这不得不让人敬佩。正是因为它具有长久地为客户着想的理念，客户当然也选择信任它，所以在很多商店倒闭的情况下，它依然可以保持业绩的增长。

西格尔说："人们之所以选择我们这个古怪的地方消费，是因为我们清楚我们的顾客的真正需求，我们能够给他们带来价值。我们一直在向顾客传递这种价值观。"让顾客认可他们，培养顾客忠诚度，是西格尔追求的长远发展，他倒推出来的选择是尽可能为顾客省钱。

亚马逊的掌门人贝佐斯也是一样。西格尔和贝佐斯之所以都选择放弃眼前的利润，是为了让顾客认可自己的价值，从而增加顾客忠诚度，谋求更长远的发展，赚取更多的长远利益。他们两人事业的成功都说明这样的选择是非常睿智的。

这给我们的启示是：在选择的岔路口，长期主义的优势之一：使人们意识到只有考虑长远发展而做出的选择，才能给合作伙伴更多的安全感和信任感。

客户赠送锦旗

长期主义优势之二：面对眼前的困境，不焦虑、不逃避，相信坚持就是胜利。

事实证明，摒弃机会主义心态的长期主义者是对的：刘强东坚持货真价实原则，积累了客户资源，后转型为线上平台，发展成了今天的京东；雷军抵住股票赚快钱的诱惑，坚持走自己的道路，于是有了小米公司的成功；乔布斯砍掉在机会主义思想中诞生的劣质产品生产线，所以"苹果"至今仍然是电子产品界的神话。

践行长期主义最重要的莫过于摒弃速成主义，慢慢积累而致"富"。

有人问巴菲特，为什么没有第二个人能像他一样积累财富？他回答了一句很经典的话：因为没人愿意慢慢变富。长期主义者往往很坚定自己的选择，能抵得住各种诱惑。

任何企业都需要认真思考如何将长期主义的思维和行动方式纳入自己的组织建设、战略管理、市场竞争中来。它将帮助企业在更根本、更长远的层面思考企业的立身之本、生存之道。在战略上更坚定，在执行上更彻底，整合组织内外的资源，朝着更美好的前景发展。

客户赠送锦旗

2021年，在建筑业同行们普遍反映项目中标数量和金额下滑的背景下，河南颖淮的业绩依然以10%的增长速度发展，这一成果和公司坚守的长期主义发展思想密切相关。

人才理念

首先，让基层员工有"饥饿感"和安全感。

让基层员工有"饥饿感"就是要让他们有企图心。什么是企图心？就是让基层员工有对奖金的渴望、对股权的渴望、对晋升的渴望、对成功的渴望。

华为公司在招聘新员工的时候，特别关注员工的成长背景，尤其钟爱出身普通家庭的学生，认为家境一般甚至困难的学生对改善自己的生存现状有强烈的渴望，这种渴望将会激发他们艰苦奋斗的精神。

河南颍淮作为一个年轻的民营企业，对员工的分红和奖金从不吝啬，2020年产生多位综合收入达百万的员工，入职1年以上的员工平均收入达13万元以上，公司每年从总利润中抽出10%作为员工外出学习的经费，让员工的思维、眼界、格局、专业能力都能得到快速发展。

还要让基层员工有安全感，基层员工就是基石，就像我们工程领域的地基一样重要，基层员工对客户最为熟悉、最为了解，如果基层员工频繁变动，给客户的第一感觉就是这个公司不稳定，如果让客户感觉到这个公司不稳定，客户如何产生安全感呢？客户可通过基层员工的稳定来感知合作公司的整体面貌，所以想让客户产生安全感，首先要做到让基层员工稳定下来。

河南颍淮公司一向尊重员工的合法权益，给予其物质保障，重点是培养其责任心，给基层员工"饥饿感"和安全感是河南颍淮针对基层员工布置的基础方针政策。

2020年年会政委初次登台

深谙人性的任正非认为，对于企业大量基层员工来说，"按劳取酬，多劳多得"是最现实的工作动机。"存天理，顺人欲"，华为的价值设计充分遵循了这一规律。"饥饿感"养成了每个基层员工的"狼性"精神，而安全感则给每个基层员工以幸福感。

其次，让中层有危机感。

管理培训课程中最多的可能就是中层管理课，中层管理培训课程甚至远远超过顶层战略设计方面的课程。因为企业规模越大，越要重视管理，公司顶层战略设计固然重要，但战略总要落地、要得到执行，方可化为战斗力，否则战略可能就成为空谈。商业世界中，不乏好的战略家，这些战略家设计出了非常完美的商业方案和理念，但很多总是以失败告终，一个重要原因就是其设计的优秀方案和理念，没有得到中层的实际执行。再好的战略，缺少了中层，也是无论如何都打不赢仗的。

如果把一个团队组织看作一个人，顶层就是人的大脑和眼睛，时刻观察着行业的变化，时刻思考着方案和未来，人一旦失去了大脑和眼睛就像没有了灵魂。中层就像人的脊柱一样，俗话说：中层强，企业兴；中层弱，公司衰。可见其重要性。中层管理者是企业的脊梁，是企业提高市场竞争力不可或缺的力量。企业要培养中层管理者的事业心和方向感。

中层为什么如此重要呢？基层员工出现错误时，谁能第一时间发现并给予纠正？基层员工有情绪、压力或彼此间有矛盾时，谁能第一时间发现？基层员工对公司管理持有意见时，他第一时间会向谁提出来？基层员工有好的建议时，他第一时间会告诉谁？基层员工违规时，谁能第一时间发现并制止？基层员工表现良好时，谁能第一时间发现并给予鼓励？当然是中层。

中层就像是雷达，能够第一时间发现很多问题，并及时妥善处理或者向上级反映，处于沟通上下的位置。公司内部召开的会议中，中层培训会议的比例最大，外出学习人员中，中层的比例也最大，这就是为了让中层时刻担好高层的助手角色。

企业要"赢在中层"！那么，如何让中层更强大，让管理更高效？

最重要的是从源头入手，从苗子入手，从价值观及责任感和担当感的培养入手。中层管理者的来源，无非两种：公司自己培养、外面聘用。不论哪一种，都应选德才兼备的人，有的人怕担责任，或者说不愿主动承担，那么他就不能胜任中层职务。

好钢要经过千锤百炼。再好的苗子，不经风雨也是无法成长为栋梁之材的。对中层要注意从以下方面进行培养。

第一，培养中层管理人员的担当能力。比如主任一职，没有一定的格局和胸怀是不能胜任的，主任不能为了一己私利欺上瞒下。格局和胸怀的重要性甚至在工作能力之上。担当力强的管理者通常具有强烈的责任感，他们能认识到自己作为团队领导者的角色和职责，因此会更加关注员工的成长和福利。这种责任感驱使他们采取更加积极、主动的态度去关心员工，解决员工在工作中遇到的问题，从而提升员工的满意度和忠诚度。

第二，提高中层管理人员的执行能力。河南颍淮每半年召开一次全体管理层会议，主要将集团战略分解落地，主任和副主任以上人员全部参加，会议上将每个部门接下来半年的工作计划全部敲定。在一定程度上来说，中层管理人员执行能力的强弱，会直接影响到企业的生存与发展。如果中层管理人员执行能力不足，就会导致企业的工作计划、制度、机制等不一定能得到有效执行和贯彻，而这关系着企业的发展。事关重大，因此会议纪要中，要列清楚自己部门的年度规划和匹配的奖励规划，完成哪一项任务，则对应哪一项奖励，有任务也有奖励，两者结合，方能顺利推动企业的发展，否则推动起来可能就有很大的阻力。

第三，中层管理人员需具备适当的控制能力。作为中层管理者，要把握住工作的整体方向，还要注意工作过程中既不要将员工控制得太过分，以致限制他们能力的发挥，挫伤他们工作的积极性；也不要管得过松，没有工作纪律，同样会影响工作效率。因此，中层管理人员在控制方面要学会张弛有度。

第四，培养中层管理人员的学习能力。当今社会，企业的竞争就是人才的竞争、资源的竞争。学习型组织理论告诉我们：企业竞争，争的是有学习力的人才。选择学习就是选择进步，没有学习力就没有竞争力，提高学习力就是增强竞争力、创造力、领导力。河南颍淮每年将10%的净利润用于中层以上职员的学习和培训，北京、上海、杭州、广州、成都、郑州等地都是公司团队常去的培训地。尤其在每年上半年期间，高层团队有一半时间在外学习，中层团队有10%～20%的时间在外学习。如果只有一个人外出学习后回来宣传某种思维，可能很多人并不真正理解这种思维，在落实上就难免大打折扣，但如果团队一起外出学习，就能让整个团队都明白企业制定决策的出发点，能够从思想上认识到位，比公司内部开会的效果更好，执行一些计划的时候，效率也更高。

第五，提高中层管理人员的协调能力。作为中层管理人员，要做好上下级之间、部门与部门、公司与客户之间的协调工作。

企业内部部门繁多，部门之间属于平行关系，很多工作需要部门之间协调联动方可完成，各部门主任必须有良好的大局观，也就是前面说的格局和胸怀。配合其他部门推动其工作顺利完成，这也成为河南颍淮年度部门考核的一个评分项。

第六，磨炼中层管理者的心态和意识。中层管理者要有必胜的信念，要有战胜一切困难的决心和信心。不能被自己的情绪左右，要接受别人的批评和意见，要包容别人的不足和缺点，同时也要接纳不够完美的自己，要在自我总结和改进中不断成长。

要想打造一个优秀的团队，中层管理者要做好示范，起到模范带头作用。同时要做好反馈，要抓住团队闪光点，及时反馈，及时鼓励，使好的做法得到坚持。

中层管理者既是管理者又是执行者，要牢记工作目标，做好目标分解。中层管理者要有大局意识，要以身作则，注重细节，更要具备自我反思的态度。一个优秀的团队必定是充满凝聚力的，心往一处想，劲往一处使。管理者要通过学习—领悟—计划—模拟—实践—复盘，来达到自己预期的目标。

什么是责任心？就是以实现公司目标为导向，对工作高度投入，不断追求进步。

任正非从历史发展规律中深刻认识到，一个组织太平时间越长，成员危机意识越弱，生存能力越差，最后一定走向衰落。

最后，让高层有"使命感"。让高层有"使命感"就是要让高层有事业心。

管理学大师德鲁克提出有别于传统管理学的公司管理三大任务，其中之一就是"确保工作富有生产力，并且使员工有所成就，产生效益"，这将是未来企业组织运作时面临的最大挑战。

新商业木桶理论

美国管理学家彼得提出,"水桶"象征着人或事的各个方面,而短板就是其中的薄弱部分,所以盛水多少往往不是取决于最长的那块板,而是取决于最短的那一块,企业最需要注意的也是自身的短板部分。

年度考核会议

后来又出现了反木桶理论,这一理论刚好与木桶效应表达的意思相反,认为木桶最长的那块板才是木桶的特色所在,企业不能只盯着短板，而忘了自己的长处，只有将优势发展成为特色才是成功的最佳途径。

而实际上，各行各业的商业环境错综复杂，影响因素少则几十个，多则上千个，我们更应该看重的是组成木桶的每一块木板。

在供不应求的产业时代，商业木桶由商品、渠道、资金、团队、企业领导人等因素组成。

董事长是企业的核心和灵魂，他的日常工作就是主抓布局和商业模式，以及整合商业资源和企业文化等相关事情。创始人张林江董事长常说："我们要抛开表象，抽丝剥茧，看背后的底层逻辑，不要头疼医头、脚疼医脚。"

一个企业的布局基本决定了企业发展的方向，开局决定了结局。作为董事长，要悟透企业运营规律和行业发展趋势，设计一套具有竞争力的商业模式。商业模式就像企业的天赋秉性，一个好的商业模式可以让企业在产品同质化的竞争中稍微加一些分。

2022年战略解码峰会

总经理是抓经营、运营、产品、渠道的角色，良好的执行力和协调能力是总经理必备的核心要素。

提高产品竞争力是总经理的基础工作，只有打造出优质的或者独有的核心产品，才能让产品本身就具有旺盛生命力。有些企业负责人听了很多所谓商业策划课，内容都在反复强调"重营销、轻产品"的思维，这实际是商业授课老师的"无奈"。

因为商业授课老师在产品上的经验肯定不够充足，当然只能按照轻产品而重营销的套路授课，但是偏偏一些企业负责人就信了"营销秘术"，认为掌握了这门秘术就可以独霸市场。

在这样的环境中，一些企业开始放弃产品的提升，致力研究营销方法。

其实，中国并不缺少消费能力，缺少的是优质的产品。在街上，你可以看到无数的同质化产品，但是真正能够抓住消费者眼球的却少之又少。总而言之，中国不缺市场，缺的是物美价廉的好产品，缺的是自主创新的优良产品。而作为总经理，就是要不断提升产品竞争力，做到"友商有而我优，友商无而我有"。

观《乔家大院》谈股权改革

股权是企业的生命之源，是企业的立命之本。股权激励一直以来都是一把"双刃剑"，用得好会促进员工绩效和企业整体效益的提升，而使用不当则可能对企业造成不可挽回的损失。因此，不能盲目进行股权激励，需要综合多方面因素进行考虑。

企业进行股权激励，终极目标是"共赢"。在这个终极目标之下，进行股权激励通常是为了两个目的：人和钱。股权激励是为了做大蛋糕，为公司创造更大的价值，而不是单纯为了分配利益、挽留员工。只有蛋糕持续做大，股东才有机会获得更大回报，股权激励才能有效地推行下去。

平台定向增发股份

对管理层：通过股权激励留住他们，稳住团队管理的能力——格局决定结局。

对核心人员：股权激励能够调动他们的工作积极性和创造性，产生正面激励效果——筹码决定忠诚度。

对普通员工：持股方式能够让一线员工有分享公司利润的机会，激发员工的主人翁精神——恒产决定恒心。

如果将企业看作一个人，那么现金就是流通的血液，人才就是活动的四肢。人才和现金的重要性都不言而喻，股权激励可以缓解企业的现金支出压力。

我国著名的"晋商"发展到清代时，已成为国内商业势力最雄厚的商帮。国内外经济学家对于晋商的发展，给予很高的评价。商业的发展不仅给人们带来了财富，而且也改变了人们经营模式中的传统思维。为了让商帮快速发展，晋商开创性地推出了"股权激励模式"，并将其应用于日常的经营管理，充分激发员工积极性与创造性。在一定程度上，"股权激励"是晋商发展壮大的"加速器"，同时也为现在的企业发展提供了一定的借鉴。

笔者通过对电视剧《乔家大院》的总结分析得出，乔家的成功之道主要包括义、信、利的经营理念，掌柜负责制的两权分立、利润分配上的激励机制、严厉的号规制度和学徒制等，其中最核心的是股权激励机制，而激励机制又主要体现于顶身股制。所谓顶身股，实际上就是不出一文资金，以自己的劳动代替，因此，有的地方也称其为劳力股。激励机制和顶身股制将晋商节俭勤奋、明理诚信、精于管理的人文精神表现得淋漓尽致。

孟子曰："得道者多助，失道者寡助。寡助之至，亲戚畔之。多助之至，天下顺之。以天下之所顺，攻亲戚之所畔，故君子有不战，战必胜矣。"

乔致庸深深懂得孟老夫子的至理名言，在包头总号开会时对掌柜们说："不管是一国一家还是一店，要想兴旺，就得有人手，人手是咱们做生意的根本。"他把人才视为根本，深知"得道者多助，失道者寡助"。他在晋商里开了伙计顶身股的先例，打破了东家、掌柜和伙计的身份界限，把伙计也变成了东家，使伙计在心里有了和掌柜甚至东家平起平坐的感觉。但是，并非所有的员工都能以劳动代替资金入股，只有达到规定的工作年限和工作业绩的员工才有这一资格。

我们从中不难得出以下启示：将管理层持股与员工持股相结合。一个票号的经营业绩与全体员工，包括大掌柜、掌柜、伙计、学徒都有密切联系，要充分发挥每一个人的主观能动性。为了避免出现"平均主义"，还要在顶身股制中引入竞争机制，员工持股有多有少、能增能减，且份额主要由其自身的能力和业绩来决定。企业要实现效益最大化，就必须想办法留住人才，制定合理的分配制度，包括让高层和基层一起分享经营成果。

随着时代发展，各行业竞争越发激烈，特别是新兴行业，更是对人才的依赖日益加深，有效的激励制度就变成企业发展壮大最核心的要素之一。

股份签约仪式

"舍"明天之利润，"利"后天之未来。民营企业步入持股合伙经营时代，持股合伙已经成为企业发展的必经阶段。企业想要在未来市场上博得一席之地，就需要制定高效有序的股权激励分配方案和合伙人制度，这既能起到激励团队的效果，又能将企业股权激励的操作风险控制在合理范围之内。

一个企业能否强大，就在于它能否用好股权激励模式。包括以下两个方面：

第一，物质激励与精神激励相结合。以乔家商号为例，除了将顶身股的数量与分红挂钩之外，还将顶身股的数量和职位、贡献、权利挂钩。此外，每逢账期结束时，东家还会在总号设宴款待各分号掌柜，盈利多者坐上席，东家敬酒，热情招待；

盈利少或发生亏损者居下席，自斟自饮，待遇有别。这样就较好地实现了物质激励与精神激励的有机结合。

第二，短期激励与长期激励并重。仍以乔家商号为例，为了稳定职工队伍，商号除保留大掌柜退休后一定期限的分红外，还在每年决算后，依据预定比例从各分号纯利润中计提一定金额作为损失赔偿准备基金，称为"花红"。花红要积存在商号中，并支付一定的利息，一旦出现事故，以此作为补偿。如果分号掌柜任期内不出现过失，其离任时可将此项基金连本带利一次性取得，等于是领取了一笔不菲的退休补助（类似于西方国家所谓的"金色降落伞"）。随着分号掌柜工作年限的增长，其积存的花红也越来越多，这将加大其跳槽的机会成本，有利于保持团队稳定。这些措施即使在现在的企业中，也是很少见的。

目前，国内企业激励措施明显不足。我们在设计激励制度时，不仅要积极学习国外先进理论，更要法先人之法，从我国几千年的辉煌历史中寻求经验。不管是以前的员工持股、管理层持股，还是现在的股权激励、可限制性股票等，只是在形式上或实施方式上不一样，但目标是一样的，都是为了将对员工的业绩评价和激励措施结合起来，将企业的目标与员工追求自身利益最大化的目标相统一。

河南颍淮创始人张林江先生充分将这种合伙人理念贯穿于整个企业发展过程中。经过半年试用期的历练后，根据员工的秉性及才能安排相应岗位，再过一年，进行综合考核，优秀者晋升为部门主任。

部门主任上任后需结合公司发展战略书写半年度部门发展规划及资源需求，公司会根据部门主任提交的发展规划为其匹配虚拟个股，在每年年底决算后，依据分公司或者部门的利润，按预定比例计提一定的金额陈留至平台，用于公司滚动发展，张林江先生的这一管理措施与乔致庸对商号的管理出奇一致。

2021年春，我与张林江先生及多位同事在深圳研学。一次晚课之余，我们聚在一起看电视，电视中正巧播放着乔致庸对商号伙计们宣传分红措施的经典片段。众人默默看着电视画面，仔细聆听着乔致庸的一字一句，深感乔先生的每句话都堪称经典，无不被这位伟大商人的智慧所折服。看完后，张林江先生微微笑道："咱们的股改模型就是按照这个模型演变而来的，乔致庸真是经商的天才，吾不及其一二。"

张林江针对股改提出了以下规划：

一，中层以上员工均可参与匹配股份，为的就是让基层员工也能看到获得股份的希望，不再觉得股份像天上的明月那般可望而不可即。股份是虚拟股，只具有分红权利，不得转让和买卖。在2015年股改第一期，很多员工因囊中羞涩加上对股份分红的不确定，参与不积极，股份并未轻松地分发出去，少数大胆入了股的，后来都分到了不菲的红利。

二，在股改过程中，逐步优化方案，将相应的股份一分为二，分为流通股和非流通股（考核股），流通股为岗位股，即中层以上员工各自匹配一定数量的股份；而非流通股则要根据公司每年的战略规划，结合各部门的发展规划安排。

三，股份的发行数量是根据往年的业绩和当年的业绩综合考量，发行的数量基本符合收益率在50%—100%之间浮动，不可过少，也不可过多，每年的发行数量基本是递增的，递增的比例则是根据业绩的增长情况决定。

四，每年公司的分红为整体利润的50%左右，剩余50%左右利润则是晋商时代的"花红"，"花红"的存在是为了保证企业正常业务的快速流转，增加企业的抗风险能力。

网传股权激励金句

股权激励非奖励，分配未来非过去。

对内激励是增长，对外整合是裂变。

股权对岗不对人，股随岗走而非人。

人走股留待高人，人走股走大悲人。

股权激励是系统，切莫个体做奖励。

战略推演共探讨，科学合理定目标。

目的对象相结合，分步分时导方法。

进入条件需设定，预设额度因岗位。

考核机制定指标，退出机制有保障。

循环股权大系统，能给能收能掌控。

基于发展做布局，十年眼光做统筹。

学会股权大思维，决胜百年赢未来。

在设计股权激励机制时一定要注重权、责、利的统一。股权激励的实质，是将核心员工与大股东结成命运共同体。激励对象在获取股份、获得收益的同时，也承担企业经营的风险。在股权激励机制中，权、责、利三者缺一不可，且互相关联，这样才能保证组织价值的持续高效输出。当授予激励对象股权时，必须明确其需要承担的责任。要想让股权激励的价值最大化，就必须确保责任分配到位。员工只有明确了自己的责任，其激情和能力才能被真正激发出来。

河南颍淮2022年上半年度股份分红会议

责任不仅是指每个员工的具体工作职责，更是指企业整体的目标。企业在推行股权激励之前，必须让全体员工明确公司发展的目标和愿景，让每一个员工在履行个人职责时，都有明确的努力方向。

目标和愿景不仅优秀的大型企业应该有，小企业和初创企业更需要有。目标清晰的企业更有机会创造持续增长的业绩，更有机会成长为卓越企业。而没有目标或者目标不够清晰的企业，其成功的可能性相对较小。

包工头的发展状况

由于种种原因，比如建筑工人常年在施工现场作业，技能培训开展困难；民工年流失率高达30%以上，劳务企业不愿意投入时间和精力去培养他们；等等，现行的传统建筑商业模式下，要提升一线劳务人员的整体素质可谓是困难重重。

于是国家进行了劳务用工制度改革，重点是：建立以施工总承包企业自有工人为骨干，专业承包和专业作业企业自有工人为主体的多元化用工制度。

包工头是一个非常特殊的群体，通过与建筑公司签订施工合同承接工程，管理工地，负责一个工种的承包，比如木工、水电、消防施工等。目前大部分建筑公司都有自己的施工队长帮忙盯着工地，包工头则起着协调资源、统筹工人等作用。

| 工程联营：从布局到落地增长

河南颍淮道路建设项目工地

睢县凤城大道及城区道路升级改造工程第二标段

包工头，是通过什么渠道接工程的？

一、亲朋好友是最基础的渠道

如果是一个没有任何资源的、刚开始干包工头的人，一般都是靠亲戚朋友来寻找工程项目的。亲戚朋友有做相关工作，或者有相关资源的，可以去找亲戚朋友问一下，一般会有所收获。

二、自己探索出的新渠道

做包工头，拿到第一单工程后，相当于入了门。这个时候需要做到：对手底下的工人严格要求，保证工程质量。因为只有活干得好，才能与更多企业建立长期合作。

一个好的包工头，要取得工人信任，不拖欠工人的工资，工人才愿意跟他去干活。否则，他即使包了活，也没有人愿意跟他干。那么有了工人后，包工头都是怎么给自己联系活的呢？

不是每个包工头都能轻易联系到活，而是要有影响有声誉，企业才愿意包活给他。

有声誉了，还要有实干的能力。工地是露天作业，靠天吃饭，天气好时，根据工作需要，该加人时就要有人肯来，该安排加班时，就要有肯加班的人，不能拖慢了工程。

再者，包工头应该掌握施工流程、技术，会识图，能指挥工人按图施工。这样，质检员才会给包工头好的口碑。

不浪费材料，服从项目经理或甲方安排。在工地，什么都是花钱买进来的，都是成本。干活就要一次到位，不返工才不会造成浪费，否则既浪费材料、浪费人工，还耽误了施工时间，等于三重损失。

最重要的是，要将安全摆在首位。安全损失就是纯利润损失。一个包工头赚不赚钱，首先看他重视安全了没有。重视安全了，没有安全事故，利润就不会因安全事故而发生损失，同时也能给发包方留下良好的信誉。

总之，作为包工头，技术方面要用高标准要求自己；管理方面要做到面面俱到；生产方面要做到不拖后腿，能急发包方之所急，能解发包方之所难。这样的包工头是不愁找不到活干的。

包工头的未来发展在哪里？

早在2005年8月，国家原建设部就提出3年内包工头承揽分包业务将基本被禁止。此后，多项相关政策出台。2019年3月实施建筑工人实名制管理，2020年5月实施《保障农民工工资支付条例》等举措，包工头行业急需转型以求发展。

当下趋势要求施工企业做出改革。一些施工企业开始摸索改革道路，自建队伍、合作劳务队开始出现。建筑市场要推动劳务企业向专业企业转型，发展木工、电工、砌筑、钢筋制作等以作业为主的企业。

设立民工工资专户，实名制管理。每月工人工资，由甲方委托银行直接从专户支付至工人银行卡，这给包工头带来极大的"压力"，说白了包工头每月也只能领到个人工资，包工头手上少了现金流。

民工倒逼包工头。由于网络全国通行，全国民工工资水平标准逐渐统一。每年农忙时节、国家法定节假日后就是工人涨工资的时机，民工开始选择包工头，行业已出现僧少粥多的局面。

包工头招工难将是建筑业的"癌症"！民工队伍老龄化越发严重，大江南北已经出现越来越招不到民工的尴尬局面，大学生不愿意来工地，工地上很难看到"90后"的工友，目前工地上基本还是"60后""70后""80后"这些中坚力量，民工越来越少将成为未来很大的行业难题。

民工工资上涨是包工头面临的"定时炸弹"。由于建筑工程周期长，一项工程从开始到完工至少需要半年（班组不同工期不同），但这半年里不确定因素实在太多，其中民工工资上涨是无法绕开的"定时炸弹"。

包工头已承受不了更多风险。以前，包工头是旱涝保收的，如今行业风云变幻莫测，行业风险、技术风险、人员风险、法律风险，等等，对于个体的包工头来说已难以承受。

包工头用工形式面临整体转型，在不退出该业务领域的情况下，有两条出路：一是进入建筑领域相关企业，成为其员工；二是包工头自己成立相关企业。对于上述两条转型路径，国家都应该建立相应的配套机制，比如对于大规模接收建筑工人的企业及包工头自己成立的企业，应该在税收、用工成本等方面提供相应的优惠政策。

而对于挂靠在其他公司的包工头，需要平衡他们的现实情况和建筑工程领域的监管需要，可能有时需要"做取舍"：对于有意愿加入规范的建筑领域相关企业的，应该予以鼓励、支持；对于符合相关条件且有意愿自己成立公司的，应该给予一定的过渡期，并且提供相关的指导和帮扶；对于既不符合自己成立公司资质条件，又不愿意加入其他企业的，则应该坚决淘汰，但应该建立就业转型的帮扶机制，引导他们去相关行业从事力所能及的工作。

在当前的环境下，由于建筑业的生产需要，与总承包企业长期协作的劳务公司和包工头，必然还会存在一段时期，但有专家曾言："未来，成功的劳务企业必然要走小微型化、专业施工作业化之路。"

工程资质企业怎么选

工程资质加盟分公司靠谱吗？这是很多项目经理共同的疑问。如何判断一家资质企业是否可靠呢？

河南颍淮沙澧河整治项目

一，从企业成立时间维度参考：资本为实缴，有一定的实力，且已安全经营五年以上的公司，通常有良好的运营能力和抗风险能力。

二，从人员社保规模维度参考：社保人员不足10人的公司，说明其建造师较少，中标数量和运营很可能还没有成规模。

三，从企业办公场所规模维度参考：有没有自己的办公地点，是租的还是自有，也是筛选合作企业的指标之一。

四，从中标业绩维度参考：中标业绩是衡量一个企业是否具有良好资质的关键，如果一个企业拥有突破500项的中标业绩，则说明企业资质较好。在筛选过程中，以中标业绩作为参考有利于找到合适的合作企业。

五，从全国合作伙伴数量维度参考：全国合作伙伴数量多少，是办事处还是分公司，一般分公司数量太多也不太好，因为分公司的人经营能力有限会成为风险之一，只要甲方不要求必须在本地开设分公司，基本没有必要开设分公司。

六，从纳税额维度参考：如果一家公司每年纳税达几千万甚至上亿元，其良好的纳税信誉能保证工程款的安全落地。因为良好的纳税能力就是企业信用的一种表现。

七，从办公模式维度参考：其公司有没有标书制作部门。很多资质企业根本没能力养活投标部门，因为投标部门对建筑公司来说相当于半个公益部门，基本不产生利润。如果公司有比较大的标书制作部门，说明该公司站在客户角度考虑问题较多。

八，从运营模式维度参考：建筑公司自己做不做实体项目。

如果做，则有一定的资金风险；如果不做，完全做运营，资金风险则相对减少。

九，从第三方信息平台维度参考：有无因为少缴税而被罚款，有无被执行人等风险因素。

十，从办公模式维度参考：有无自动化办公系统，是否用数字化软件监管项目进度，这很重要。因为公开、公正、高效的运营平台可以让人时刻知道项目信息和工程款信息，信息就是价值核心所在。

让联营更简单

历史在不断前进，文化阶级在不断重塑，中国的实体企业在"工厂化生产"时期应运而生。19世纪，采掘、煤炭等行业建立了工厂制度，标志着真正意义上的企业形成。因此，随着工厂规模的扩大，"企业文化"逐渐深入人心。

100多年前，爱迪生试验并改进了白炽灯，其通用电气公司成立，该公司的第一个使命是"点亮世界"。

20世纪20年代，美国电话电报公司的创始人提出要"在美国的每个家庭和办公室安装电话"。

阿里巴巴集团的使命是"让天下没有难做的生意"。

那么什么是企业使命？

企业在社会经济发展中所应承担的角色与责任，指企业的根本性质和存在的理由，能表明企业经营的领域与核心经营思想，为企业目标的确立与战略的制定提供依据。

概括来说，企业创业使命分为"向内求"和"向外求"。

"向内求"是告知职员：其一，为什么做这件事（即业务），在社会中公司能解决什么问题；其二，作为职员，要感受企业

责任，与集体统一认知，一同前行。

行业生态构建需要满足多方面需求

发展角度需求
1：更深的行业理解
2：更透明的资产信息
3：更强的管理工具
4：更多的盈利来源
5：更长期的数据分析
6：更黏性的合作生态

资本发展需求
1：多方的资本注入
2：强有力的产品服务
3：强有力的竞争能力
4：多维度的盈利模式
5：差异化的竞争优势
6：快速反应的时效性

成本管控需求+效率提升需求+规模矩阵效应需求+创新需求+资本需求

行业生态构建需求

"向外求"是告知合作伙伴：其一，我存在的意义，我所做的事情能帮助你解决什么问题；其二，通过客户需求与自身能力，审视自身发展过程中是否存在战略定位缺失问题，并及时进行调整。

使命的本质是一种文化象征，不仅代表企业也代表着个人，按照西方管理哲学来说，使命与愿景不同的是，使命是起点，愿景则代表我们（我）要去哪里。

如果问很多企业的创始人："您当初创立这家企业的动机或想实现的企业使命是什么？"也许他们会说："挣钱养家，解决社会问题，创造更多的就业岗位，推动社会进步，创造价值，追求更高的目标。"当然，也会有一种简单的回答，那就是"我只想做一件正确的事,没有想太多"。也有人因抓住各阶段风口而赚得钵满盆盈,于是有人便开始质疑"使命",有人认为赚钱很重要,有人认为基于初心做事更重要,于是人们不断对"使命"进行新的定义。

每个创业者心中都可能有不同的创业理念和梦想,或许是一个美好的梦想,或许是一个伟大的使命,带着他们踏上创业征途。

读书分享交流会

每位创业者都有着不同的遭遇和背景,河南颍淮的使命和理念则是来自无可奈何和行业遭遇。

我国的建筑工程行业,作为第二产业,在很长时间内是经济发展的主要发动机。各种基建项目如雨后春笋般出现，但是建设工程领域存在着产业链长、资质要求高、耗费资源多等众多因素，会造成资源分配不均的现象。但新合作模式必将在行业的乱象中不断涌现，供需双方终将走向平衡，这只是时间问题。

"让天下没有难做的工程"，让中小项目工程快速落地，成为张林江心中努力的方向和发展的理念。说起来容易，做起来难如登天。但理想是美好的，它如一颗散发着淡淡光泽的新星出现在行业广阔无边的暗夜苍穹中。

从0到第1000个中标项目的背后逻辑

2020年6月22日，河南颍淮建工有限公司成功中标国润公司洛钢老年公寓装修工程项目，这是河南颍淮建工有限公司第1000个中标项目。从第1个中标项目到第100个中标项目历经1年，从第100个中标项目到第1000个中标项目历经4年。

任何企业都有成长过程，第一个过程：从0到1；第二个过程：从1到100。例如：一，找到一个业务精英；二，复制他的成功流程。一，找到1个城市1个合作客户；二，努力"裂变"客户。一，找到可规模化的商业模式；二，规模化你的商业模式。一，先在样板市场获得成功；二，逐步切入外域市场。一，自己跑业务，逐渐形成有效的销售方案和流程；二，找很多业务来大量实践这一方案和流程。

重点是这是两个步骤，所以在第一个步骤的时候，你只需要专心地把0变成1。所有关于1到100的事情，你且先放着不管。因为如果0不能变成1，那你花再多力气去准备把1放大成100的方案，实际上也一点帮助都没有。千万别小看把0变成1这件事情，它实在是非常、非常、非常困难的。过程中你不仅仅需要努力探索、经历多重挫折、反复论证、坚定决心和执行力，往往还需要很多的运气。因此在什么时间背景、行业背景下做事也显得尤为重要。十年前建筑工程市场的环境和今天绝对不一样，即使做了同样的事，结果也可能差别非常大。从0到1，方法永远不是最难的，方向才是最难的。

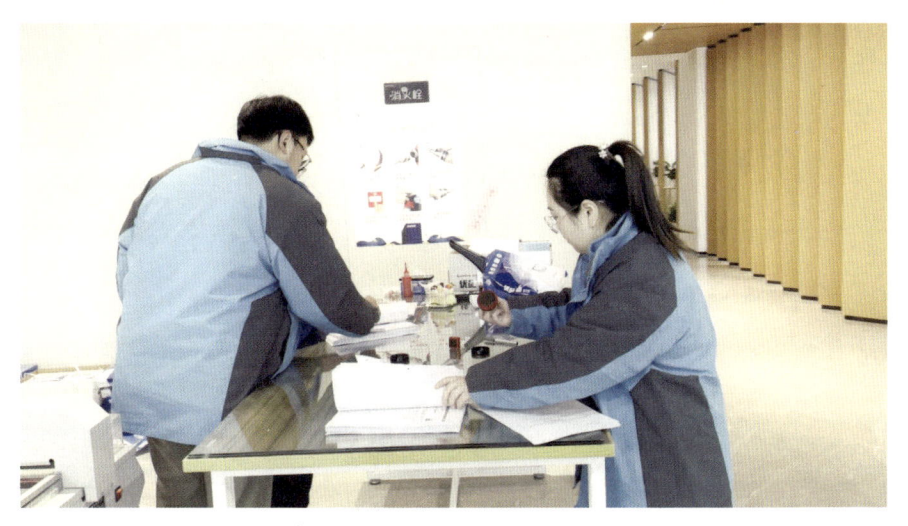

河南颍淮投标部正在制作标书

我们经常看到身边有很多人实现了"0到1"，说明他们单打独斗能力很强，把一个东西从无到有做了出来。可就在该做乘法扩大优势的时候，他们却做起了加法，选择一步一步慢慢积累，虽然稳健，但是很难再有突破性进展。这是因为他们虽然有创新和突破的能力，却没有从1到100的裂变逻辑。因此他们能从0做到1，但从1到100的过程，他们却怎么也做不到。

从0到1需要的是勇气、创新能力及突破能力，但是从1

到100，除了需要勇气、创新能力和突破能力，还需要宽阔的胸怀、高远的眼光和优秀的团队领导力。

从1到100，领导要学会慢慢赋能，去中心化，把许多事交给其他人做，而不是让自己陷入繁忙。员工得不到成长，而领导却还对此引以为傲，一个人能力再强也难以独自应对市场的快速变化。从1走向100需要学习连锁思维，连锁思维在消费品行业早已深入人心。

如何全面梳理连锁企业的标准化模块？

连锁企业从一家门店到百城千店，连锁的本质就是复制+整合。对于大多数中小连锁企业来说，扩张只能靠复制，对于大型连锁企业来说，除了复制，还可以通过整合的方式进行快速扩张。复制的前提就是标准化，那标准化如何实现呢？

依靠标准的流程模板。让每个部门、每件事的处理都有既强大又灵活的、可视化并且可复制的流程模板，一旦建立流程模板，无论新人还是老人都应按照此流程模板去操作，减少摸索时间，然后依托互联网数字化协同服务打通空间、时间壁垒。

如果我们不知道企业现阶段需要将哪些方面标准化，也不明白为什么要标准化，在执行的过程中就很容易出现固化思维，难以针对公司量身定制相应方案。在这种情况下，即使做出了一套方案，那也只是为了标准化而标准化的方案。真正的标准化一定是为了企业能够更快地扩张，提高管理效率，提升客户满意度而制定的。

信息技术带来的改变

《企业数字化》一书中写道:"未来只会有两种企业,一种是数字化原生企业,即创立伊始就按照数字化、智能化方式运营和发展的企业;第二种是通过数字化转型实现重生的企业。"从粗放到精细,微利背景下,建筑公司运营开启"升级大战"。当前,越来越多工程类企业面临着人力成本逐年增长、人员流动性增大、人员加速流失等棘手问题,行业转型升级刻不容缓。要支持传统企业迭代升级,加快数字化转型,有两个重要的问题是所有企业不得不面对的。

一是,什么阻碍了企业商业模式"裂变式"的发展壮大?

工程行业企业普遍不重视数字化,较其他领域数字化服务渗透率相对较低。这是阻碍企业从1到100,甚至到1000的重要原因。企业在采取连锁运营商业模式情况下,管理流程更多,更需要做精细化梳理。有了一体化系统之后,数字运营才能发挥更好的作用。

线上开标

二是,"升级大战"究竟要升级什么?

提升内部驱动力。随着经济形势的变化、消费需求收缩等因素的叠加,资本的催化作用会减弱,品牌影响力、运营力、组织力这些内部驱动因素的作用会更加凸显,每一项工程从招投标到完工,周期长,涉及部门多,其运营能力是非常关键的。资质只是标配而已,服务和运营能力才是资质服务行业的关键,所以选择合作单位,一定要考察后再做决定,不要只看价格而草率决定。

加快数字化转型。毫无疑问,数字资产将成为企业的核心资产之一,企业要逐渐实现从"经验驱动"到"数字化驱动"的转变。

升级变革,本质上是一场效率与成本的博弈。当前,各种成本压力下，优化内部经营效率，以数字化帮助企业降低运营成本，是企业突破盈利困境的关键因素。

我们要先对整个企业从小到大的发展演变过程进行规律总结，然后倒推，先布局，再落地，而不是走一步看一步。

为创新买单

每一位伟大的领导者都是一位激励大师，要想把企业经营好，只有好的决策是远远不够的，还必须有强有力的执行团队。提高团队的执行力，除了靠文化和价值观熏陶之外，最重要的就是激励措施了。如果失去了激励措施，再强大的人的执行力也会大打折扣，就像再好的马跑了半天时间，如果不让其吃草，估计也跑不动了。

在很多企业可以看到两种领导人，一种领导人走到哪里都深得人心，在他们部署工作之后，下属绝对服从，立即执行；而有些管理者不得人心，他们所到之处，周围员工死气沉沉，当他们离开之后，大家背后议论、抱怨，在他们部署工作之后，下属们磨磨蹭蹭不愿执行。这大概就是因为缺少了最终激励措施，如果没有有效的激励措施，一个员工最多只能发挥出他20%～30%的真实能力，但如果有充分有效的激励措施，就可以最大限度地调动员工的主观能动性，使其能力发挥到100%甚至超常发挥。

时下经济形势严峻，对很多企业而言，其成败就在于能否创新，尤其是体制上的创新，企业越是在困难时期，就越需要有创新精神。对中小企业来说，创新就是持续生存和发展的关键。

美国对冲基金教父瑞·达里欧曾说过，"要么进化，要么死亡"。

提起企业创新，有人立马想到大量的资金和人员投入，他们认为研究发明高深的理论、技术或者专利才叫创新。但是如果这才算创新，那么99%的企业就都不用创新了。因为中小企业拥有的资源有限，想做到完全自主的技术研发是相当困难的。这种"研发才算创新"的认知是错误的，创新其实可以是把已有的资源通过整合形成一个新模样。条条大路通罗马，国内目前已经做大的企业，大都是通过不断创新发展起来的。所以说，企业都需要创新。

每一个企业都具备一定的条件去实现一定的创新，关键是要有一种创新的基因，这个基因来自企业的高层管理者，其要对创新的意义有充分的认识，对市场有深刻的洞察，对未来有长远的设计，其实营销的本质就是洞察社会组织和人的需求。

中小企业的微创新突围

中国有个词语叫"见微知著",从一点迹象推知其实质和发展结果,微小的事物里面蕴含着深刻的道理。可以说,微创新是一种全新的理念,是从细节里面寻找创新的真意。周鸿祎认为,一个"微小"的点,可能很多人觉得不重要,但是如果企业把一个微小的点做到了极致,让客户觉得在这么小的一点上都能够有令人惊艳之处,就有可能形成突破。

微创新:小处着眼的渐进式改良。其本质是整体上循规蹈矩,某些局部细节上进行创新。

河南颍淮年度战略发展规划会议

微创新需要做到以下几点：

第一，站在巨人肩上。这样可以大幅提升效率、节省时间，出错率更小，因此这一点可以称为"先模仿后创新"。

第二，降低创新成本。只改变局部某个点，如果创新失败不会影响全局，还可以小步快跑、将某一点做到极致，实现"单点突破"。

第三，兼顾用户体验。微创新并未大幅改变产品既有体验，用户不需要重新学习，它是一种"渐进式改良"，是一种温和的创新方式。

这种创新方式风险低、见效快，适合处于任何发展阶段的公司。

集团平台组织部门复盘会

商业模式比产品更容易创新，且不需要改变用户习惯。公司越小、发展越快之时，越青睐颠覆式创新；公司做大、发展变慢之后，则走向微创新。

做工作要脚踏实地，一步一步地来，一点一点地精进，一次一次地优化。微创新、微调整、微进步。每天改进一点点，一年下来大变化。"做人做事要脚踏实地"，看似很简单的一句话，实际蕴含着通向成功的大智慧。

招兵买马——组建自有网络技术部门

河南颖淮总经理万辉，我们认识大约已有十几年时间，彼此了解对方的性格、做事风格和兴趣爱好。万辉同我深聊了两次之后，我怀着好奇之心见到了河南颖淮董事长张林江，经过两三个小时的交流，我被眼前这位三十多岁的男子的思维所打动，眼前这位董事长算不上健谈，但言谈中充满了逻辑与理想，于是我就加入了河南颖淮这个优秀的团队，之后认识了业务部有"一姐"之称的王亚楠女士，精通财税的刘娜女士，以及经常通宵达旦制作标书的很多同事。

我进入公司的时候，公司还没有成立网络技术部，并且这个时候，公司没有人力资源部门，招聘就是各部门自己的工作。一直以来大家都是遵守着"哪个部门要人，哪个部门负责招聘，谁招来的人谁负责带领"的制度。后来网络技术部成立，也是自己招聘，小城市里想找一些好的互联网技术人才不是太容易，经过一个月的筛选，才筛选出来一位合适的人选。

|工程联营：从布局到落地增长

网络技术部第一名员工

一键中标智能化团队

网络技术部组建之后，第一时间向第三方技术团队拿到平台技术手册，电子手册页数长达1700页。同时推出一系列奖励措施。

所有职员针对数字化办公系统每提出一个优化措施，公司经过审核后，认为该条建议确有一定积极意义的，奖励50元，网络技术部给予处理并将处理结果反馈给问题提出者，解决问题的人可得到100元奖励。为了更方便所有职员提出优化建议，网络技术部直接在办公平台上新建了数字化修改建议流程表，职员可以随时随地提起电子流程表单，网络技术部看到后积极解决并给予反馈，这个流程，类似于网络工程行业的工单制度。在这样的措施下，还怕职员们不主动提出问题吗？于是，每周一、三、五，各部门人员到会议室进行沟通，能现场解决的问题现场解决，不能现场解决的全部记录，并及时兑现上一次提出问题者和解决问题者的现金奖励。在这样的热烈沟通环境下，办公自动化软件系统越来越完善。

经过一段时间的磨合，网络技术部和其他各部门基本达成了默契。这时，公司为了激励网络技术部和其他部门职员，针对办公平台优化进行了一场PK，"如能在5天内解决10项问题，可得到丰厚的现金奖励"。果然，经过5天的技术攻关，网络技术部解决了不少系统bug和流程不畅问题。

降维竞争

降维不是一般的从高维度到低维度，降维的现实意义在于随着互联网的普及和自媒体行业的发展，很多领域逐渐平民化，无数本无发展可能的爱好和资源得到了新的生成平台，并通过降维思维实现了真正价值。

河南颖淮没有特级资质，也没有承包一级资质，论资质实力实际普普通通。但数量众多的公建项目基本都是中小项目，具有项目多和周期短等特点，河南颖淮直接定位于服务中小民生公建项目，普通二级总包和一级专包资质够用了。

在实际投标过程中，资质只是条件的一部分，公司业绩和加分项则是更为重要的一部分。一家拥有多项二级总承包资质的企业如果把定位找好，把用户圈层定好，只需要制定良好的合作政策即可快速铺开业务。如果将品牌、服务、数字化运营、专业团队等各项优势扩大，然后对标综合三级资质企业，那么业务将以降维打击式展开。

跨越数字鸿沟，搭建数字桥梁
——筹划数字化转型

有人说：如果错过互联网，与你擦肩而过的不仅仅是机会，而是整个时代。共同回忆往往是最好的下酒菜，早年间，颍淮的兄弟们常常下班后聚集在小酒馆、大排档，在热闹的饭桌上，几口酒下肚，工作一天的疲惫消失了大半，工作上的怨气和摩擦也就轻松抹去。更重要的是，在这样的场合中，大家可以一起畅所欲言，讨论最近工作中遇到的困难，很多问题都能在讨论中得到良好的解决。就这样，兄弟们像打了鸡血一样，不停地穿梭在"战场"间，为合作伙伴解决一个又一个困难。而河南颍淮的中标业绩也是在这样的节奏中突飞猛进。

| 工程联营：从布局到落地增长

河南颍淮项目工地

随着时间的推移，河南颍淮的员工数量日渐增多，部门划分越来越细。随着组织架构的日益完善，制度体系的逐步建立，内部沟通、人力考核也向着流程化发展。作为高速发展的企业，行事不能像初创时那样不拘小节，应该像一个完善的机器一样，各零件之间高效协同运转。但我们也不能丢掉创业时的那份激情和初心，我们需要朝着帮扶项目经理的目标继续深挖解决方案，对合作伙伴的需求积极响应。

2019年，很多行业中的大型企业可能早已开始使用ERP等管理软件，但OA办公自动化软件的使用率并不高。而随着业务的增多，管理出现了混乱和效率低下的情况，传统的业务管理方式，基本靠电话及快递传输信息和资料，双方在繁杂的业务中得不到有效的沟通，这成为业务拓展中的一大难题，也成为管理中的痛点，只有使用自动化管理系统，才能从根本上解决上述问题。因此河南颍淮董事长张林江不顾高管团队的反对，坚持要使用一套价值百万元的自动化管理系统，这笔费用在当年绝对是较大的一笔开支。且在河南地区范围内，根本没有建筑公司使用过此类软件，效果如何，谁心里也没有底。

张林江做出这个决定的目的只有一个，公司不能靠增加大量工作人员来提高那么一点点工作效率，不能靠笔和纸来管理庞大而复杂的数据，如果想要公司业绩有几何级的增长，就必须有突破性的硬件和软件来帮助工作人员和合作伙伴，就像机械取代人力，这是大势所趋，我们无法对抗。既然早晚都要使用自动化管理系统，那就尽早使用，也好为合作伙伴提供良好的体验。

可喜的是，河南颍淮和某软件公司用 6 个月共同设计打磨了一套自动化管理系统并初步上线使用。而令人没有预料到的是，在上线之初，由于对自动化管理系统的陌生等原因，无论是公司工作人员还是外部人员都有所抵触。历史总是惊人的相似，就像工业时代刚刚到来时，老百姓会拿起锄头砸向机器一样，改革的过程中总是会出现不同的声音，但是锄头无论如何也抵挡不了前进中的滚滚车轮。为了将自动化管理系统坚定地推行下去，公司开启了一轮轮的宣导，并出台各种激励措施。

倡导无纸化办公，终于使同事们习惯了无纸化线上办公。这看似只是办公模式的转变，其实也是集团运营模式的转变，而这种转变，会自然而然地带动工作效率呈几何级增长。

如今利用公司 OA（Office Automation）平台，可以清晰地看到合作伙伴提交的需求，该需求需要经历哪些审批环节，在各个审批环节各需要多久时间，真正做到了管理数据化、透明化。合作伙伴也可以看到每一个流程的审批时间。但这只能解决透明化的问题，仍缺少有效的监督和反馈机制，于是评价系统应运而生。

我们借助互联网的优势，以透明开放的姿态，不断做出突破性的商业模式创新，重构了建筑公司与合作伙伴之间的合作关系，从而提升了公司在业界的口碑，也为合作伙伴创造了更多的价值。

顺势而变

数字化转型的本质是通过数字化技术优化资源配置，提高企业核心竞争力。其实数字化技术已经渗透到普通人生活和工作的各个方面，甚至使每一个普通人都成为流动的数字符号。

电子签章达成奖励

当今，互联网、大数据、人工智能等新一代信息技术正在引领新一轮科技革命，数字转型成为产业变革的主旋律，一大批企业为了顺应新形势，主动加快组织变革、业务创新和流程再造，推动研发、生产、管理、服务等关键环节的数字化转型，实现研发体系开放化、生产方式智能化、产品服务个性化、组织边界弹性化，形成以数字技术为核心要素、以开放平台为基础支撑、以数据驱动为典型特征的新型企业形态。在这场调整变革中，数据正成为带动技术流、资金流、人才流、合同流的核心生产要素，数据自由流动水平成为衡量一个企业、一个行业甚至一个区域发展水平和竞争实力的关键指标，数字经济已经成为驱动企业和国内经济增长的重要力量。在这股数字化大潮下，企业更要加快数字化转型步伐，在数字化、网络化及智能化的环境中增强自身的竞争力。

企业是市场经济的组织代表，竞争的本质是在不确定环境中，企业对各类资源（人员、资金、产品等）配置效率的竞争。企业的资源配置效率高，企业的竞争力就强；企业的资源配置效率低，企业的竞争力就弱。在物竞天择、适者生存的自然经济法则中，竞争力强的企业可以得到生存和发展，竞争力弱的企业则面临被淘汰的风险。企业必须用新的战略、新的组织结构、新的经营模式，来应对这个忽然到来、前所未有、数字空间与实体空间相交织的新商业时代。要么在数字化浪潮里当弄潮先锋，要么在其中溺亡。

而国内企业对信息化的认识，大多是从企业网站及 OA 系统开始的。

OA 是中国特有的一个信息化品类，而唯有生态型 OA 才能提供数字化变革的超强动力，其对传统门户网站、办公审批流程、人事管理、数据化报表、第三方应用的集成和打通，成为领航 OA 发展的风向标。

最近几年，建筑行业的资质改革频率越来越快，建筑资质门槛越来越低，每年批复的资质数不胜数，大量新注册建筑企业使建筑联营服务企业压力陡增，民营建筑企业中标数量呈现分散化、扁平化的发展趋势，尤其 2020 年以来，这种趋势更加明显，建筑业从以前的增量发展变为目前的存量竞争。

一方面，建筑行业因项目建设周期长、资金投入量大、地点分散、建造方式落后、管理方式粗放、盈利水平低等一系列问题，其数字化程度都明显落后于其他行业。要改善建筑行业现状，提高行业建设和管理水平是迫切需求。

另一方面，虽然建筑行业的很多企业管理者已看到了数字化发展趋势、认识到了数字化的价值，但是存在因转型成本偏高而"不能转"，因转型阵痛期比较长而"不敢转"，因转型能力不够而"不会转"的问题。很多建筑企业管理者都退缩了，河南颍淮也曾有过"转不转"的犹疑，且经历了相当长时间的阵痛期方才稳定下来。

为什么要进行数字化转型？

首先，传统模式效率低下。随着企业人数的增多，工作复杂程度的增加，各部门之间的工作协调难度也随之加大，传统沟通方式已难以应对。

其次，信息日趋对称。互联网的发展让信息获取变得几乎毫无成本，让几乎所有的关键信息都在数字世界中呈现出透明状态，信息不对称现象基本消除，客户有了更多选择，这迫使企业必须想方设法满足客户各种个性化需求。

最后，消费需求升级。"80后"甚至"90后"成为消费主体，他们的时间由于受到各方面的影响而趋于碎片化，他们借助数字化手段快速走向社会舞台，从内心深处接受数字化沟通和管理模式，习惯了通过互联网寻找企业信息，查找企业的信誉状况，习惯了与企业之间平等互利的理念。企业必须为他们提供能充分满足其个性化需求的多元化产品。

数字化转型首先要制定符合企业自身情况的数字化转型战略，从企业战略层面、思维层面、技术层面、资金层面、人才层面、客户层面等统筹考虑，其次要进行主营业务战略规划和IT战略规划，最后结合先进的数字化理念和优秀的架构方法等制定可行的数字化转型方案。企业各部门需要在数字化转型过程中齐心协力，逐步形成企业自己的核心技术、数据资产等，这同样需要一个渐进的过程。

整个转型升级的过程一定是需要经历一个完整的周期，没有一蹴而就的可能，只有不断调整、不断优化才能真正实现转型升级，是从局部调试到协调全局，从应用内测期经发布期、试运营期到稳定期，从人工与软件相结合的半自动化到完全自动化、再到系统智能分流处理的过程。

河南颖淮历时一年，经过从使用外包技术团队到拥有自建技术团队的过程，才从线下办公转为半线上协同办公，并随着后期的不断发展，使协同范围覆盖了建筑联营管理全程，打造了一个属于自己的数字化协同设计与生产的工业互联网平台。

流程

刚开始使用 OA 系统的时候，别说客户不习惯，就连公司内部经营人员、财务人员都不习惯，大家是不太相信 OA 系统的。我们的工作人员基本是两条腿走路，线下流程走完后，再录入到 OA 办公系统中，造成工作重复、耗时等问题，这基本上是每个企业在使用自动化办公软件初期都会遇到的痛苦。这个时期，公司领导几乎每天都在开鼓励会议，如果领导没有坚定的意志，数字化转型很可能会半途而废，这也就是很多企业老板提起数字化转型就打退堂鼓的原因。

创新并非创造，而是将原有的线下流程用自动化办公软件处理，局部创新，让员工和客户逐步感受数字化带来的便利。

数字化转型并不是网络技术部一个部门的工作，而是所有部门共同建言献策的过程，一天一会议，一周一复盘，从一条独立流程，到多条独立流程，再到各条流程之间的联动，最后形成网状流程结构，这并非一朝一夕能实现的。

一般的 OA 常见流程基本是指令式顺序执行模式，执行步骤多，某环节审批人如果没有及时登录账号，将严重影响办理时效，降低办公效率，使客户产生负面情绪。

通过扁平化设计，使每条指令不超过5个审批环节，关键审批环节设置双人执行模式（其中1人在线即可办理执行），大大提升了办公效率和客户满意度。目前河南颖淮的一些业务流程，向所有客户承诺294分钟内办理完毕，如果由于公司原因而造成超时，则给予客户一定的补偿。

公司运营数据如何为企业发展提供决策依据？

企业核心数据缺乏统一管理且无法实时监测，会影响高层领导在运营中的决策效率，数据无法沉淀，无法分析历史数据，会导致数据无法发挥应有的价值。

将集团经营、管理两类核心数据可视化地聚合在PC端与移动端，明确各级管理者权限，为不同权限角色展示不同数据，可使其随时随地掌握企业经营数据，快速发现经营中的问题并做出科学决策。

客户掌握移动办公水平不高，无法快速融入场景，干着急却无从下手。短时间内提高客户的操作水平显然不现实，企业必须做尽量简洁的方案，让客户看到全局，这样客户就能心中有数，更易理解。如果自动化办公软件有导航栏目，有明确的业务流程路线，客户就会像看到了一张业务流程图。于是网络技术部连夜做出了常用业务流程图，受到客户的一致好评。

表单内，需填写的数据较多，客户摸不着头脑，不知在哪个表格应填写哪一项数据。

每个人都是视觉动物，我们何不用颜色来区分每个角色的填写范围，例如客户填写的地方，背景色就用蓝色，财务填写的地方，背景色就用另一种颜色，这样一来，原本枯燥无味的数字世界就瞬间变得丰富多彩。

高新技术不断发展，产业竞争日趋激烈，数字化转型已成为大势所趋，企业通过以上数字化应用，可实现流程的上下贯通、信息的互通共享、业务的高效协同等，重塑管理与运营模式，助推企业转型升级。

2021年有很多同行来河南颍淮参观交流数字化运营，不少企业负责人也想让企业转型，但是总体上对转型没有方向，对数字化管理和办公陌生甚至不信任，导致很多企业转型失败。OA系统三分靠软件，七分靠实施。足见实施在OA系统部署过程中的重要性。企业如果要使用OA自动化管理系统，应尽量避免以下几个问题。

第一，OA系统实施前没有合理的规划。

第二，对OA软件商没有合理的审核。

第三，对所用的OA系统没有深入的了解。

第四，对部署OA系统所需资源和时间严重低估。

第五，没有挑选到合适的负责部署OA系统的人。

第六，对OA系统的运用没有合理的培训机制和考核机制。

第七，低估了数据精准性对OA系统的重要性。

第八，没有定期维护系统。

电子合同

杜绝"萝卜章""阴阳合同",走进电子合同新时代。

即便是移动互联网近乎改变一切的时代,个人签名这种蕴含特定含义的形式也依然没有太多的改变。从生活到工作,几乎所有的信息确认都离不开亲笔签名这一道程序。那么,既然签名的形式无法改变,完成签名的方式是否可以升级?

20世纪90年代,互联网刚进入大众的视野,电子签章就已经萌芽。但在种种原因和传统观念的影响下,签名的方式长期以来仍局限于本人现场签字。

此外,虽然2005年颁布的《中华人民共和国电子签名法》中明确指出数字证书方式和生物特征识别方式是当前合法的电子签章,但由于技术不完备,受认可的应用范围窄,电子签章并没有得到普及,更有甚者,很多人将电子签章一概视作"萝卜章"。

随着区块链技术的发展,其去中心化、不可篡改、全程留痕、可以追溯、集体维护、公开透明等特点使得电子签章渐渐赢得用户的信任。移动互联网的普及则满足了电子签章的场景需求。

2012年，在数字化转型浪潮带动下，电子签章成为数字化转型的核心工具之一，在互联网领域取得了迅速的渗透，政策支持也如雨后春笋般频出。"十四五"规划提出：推进政务服务一网通办，推广应用电子证照、电子合同、电子签章、电子发票、电子档案，健全政务服务"好差评"评价体系，由此电子签章用户开始由C端更多地向B端倾斜。

无论是哪一行业，签名都是办公流程中无法绕过的一环。在商务社交中，由于合同签订需要多方参与，大型用户更易引发连锁反应，不仅能够带动上游企业同样使用电子签章等数字工具，还能迅速影响更广泛的行业与客户群体。

加上传统纸质合约签订时，"萝卜章""阴阳合同"事件时有发生，让不少企业都意识到了传统纸质签约所带来的问题，更加引发了企业对电子合同的关注与重视。

传统纸质签约、印章管理存在哪些风险？

成本较高，一份合同的成本包括了打印费、纸张费、油墨费、快递费，以及仓储和人力成本。

合同储存、运输、归档管理工作中，容易发生合同错配、丢失、外泄等风险。线下纸质签约需要双方面对面签署，传统实体印章经常因异地签署而携带外出，易丢失、易被伪造。传统印章难以实时管控、盘点印章状态，用章过程中容易出现印章乱盖、漏盖、私盖等情况，出现问题后也不易追溯责任。

针对企业合同签署面临的困扰，河南颍淮联合国家数字认证中心、权威公证处、专业律所、知名软件公司打造了行业电子签章平台，为企业提供"实体印章的管控＋电子印章的使用"的一体化印控解决方案。再结合智能软件、CA认证、数字签名、加密和安全技术，不仅可以实现签署方在线完成签署、传送，突破时空限制，还可以有效防止信息泄露，确保合同签署真实、合法、有效。

在现如今这个信息化时代，电子合同的应用极大程度简化了企业内部业务流程，提升了整体运营效率，节省了时间、人力、物力资源，以电子合同的形式将企业业务数字化是企业进行数字化转型的关键之一。

扶贫路上的"输血"和"造血"

申家洼村地处河南省林州市原康镇西南部深山区，西邻山西省壶关县，南与辉县接壤，距原康镇18公里，最高海拔1100米，全村耕地面积566亩，林地面积9800亩，没有城市的霓虹灯光和车水马龙，有的是壁立千仞的青山巧石，风光旖旎的山间小路，碎石堆砌而成的农家小院，苔藓青青的台阶和林中的鸟鸣，给人以世外桃源的印象，殊不知整个村的土地基本是山地和丘陵，零碎而又贫瘠。

但贫困偏僻的背后是没被污染的土地和传统的经营方式，以及朴实的农民。申家洼村盛产山楂、柿子、中药材，农作物以玉米、小米、红薯、大豆等为主。发展产业是群众脱贫的关键，而培养市场经济理念是摆脱贫困的核心。

| 工程联营：从布局到落地增长

以购代捐扶贫申家洼

扶贫路线有两种：

第一，直接"输血"。

这就像古代扶贫中的给大众"施粥"或直接挨家挨户发放"钱财"。但提升贫者自身的"造血功能"永远比"输血"更重要，没有哪个人靠"输血"就可以长期存活下去。

若挨家挨户发一大笔钱，他们也许会突然变得富有。但是随着时间推移，这笔天上掉下来的财富会消耗殆尽，他们会再次陷入贫穷。

第二，遵循市场经济发展规律，激发群众创造价值的思维，培养其创造价值的能力。

通过某种方式使贫穷者懂得市场经济的生存法则，明白能救他们的只有他们自己，并给他们指明自救的道路，正所谓"授人以鱼不如授人以渔"。

申家洼村产有绿色无污染的谷子、大豆、玉米等农作物，河南颖淮将这类农作物以高于市场价的价格收购，收购之后用作员工的节日福利。

这样一来就调动了申家洼村村民开垦荒地种植粮食的积极性，使其找到了一条自食其力、脱贫致富的道路。该扶贫方案实施起来没有难度，得到了当地百姓的一致认可，而从申家洼村拉回来的无污染粮食也没有浪费，成了员工福利，这一举措也大大提高了员工对公司价值观及企业文化的认可。

文化就是基因

价值观是企业的基石，只有价值观与业务相结合，才能真正让企业文化落地。

中国作为一个文化大国，其企业不缺乏文化标语，无论到哪个企业，都能见到很多办公室、生产车间等挂着文化标语，比如"以人为本""客户第一""追求卓越、诚信、创新"等，不同企业在核心理念上没有本质差别，但是体现在工作方法与行为上，却有本质的区别，这就需要企业构建完整的培训体系来使全体员工了解自己企业的理念是什么，如何将企业理念与自己的实际工作结合起来。

总结起来，企业需要做到如下五点：

1. 建立起众多无等级结构的圈子；

2. 有一个亲手发起圈子而又很快退居幕后的触媒（催化剂）式人物；

3. 有能够将圈子成员凝聚在一起的共同的信仰，即企业文化；

4. 有一个高效的数字化办公平台；

5. 有新思想的坚定执行者和捍卫者。

企业文化是一种重要资源，既有利于提高员工的整体素质，还具有以下两个明显作用：

第一，凝聚作用：凝聚人心，以良好的人际关系减少企业内部的摩擦。

第二，导向作用：用共同的价值观所产生的内在号召力，引导员工朝共同方向努力。

企业文化最初通常都是由企业的创办人的思想所决定的——即由这个人的价值观、信仰、喜好及习性等所决定。据说，所有的组织机构都可以说是其创始人性格的影子，企业文化很大程度上和其创始人的文化基因是分不开的。但企业文化绝不单纯是其创始人个人文化的反映，企业文化＝（员工＋管理者）共同的价值观和行为方式，或者说企业文化＝企业环境＋价值观＋英雄故事＋仪式活动＋文化网络。

企业文化

优秀的企业文化能够营造良好的企业环境，对内能形成凝聚力、向心力和约束力，形成企业发展不可或缺的精神力量，从而提高企业的竞争力。但是也有很多管理者认为，企业文化过于虚幻，并不能产生实际的价值。还有一些管理者虽然认可企业文化的价值，但是不知道该如何使企业文化落地。

企业文化不是一句口号，不能照抄照搬。企业文化一定要与时俱进，而且要和企业的发展阶段相匹配，落后的企业文化不但不能改善企业的文化氛围，还会成为企业的累赘，所以说文化属性一定离不开时代元素。

河南颖淮的高速发展正是得益于良好的企业文化。

公司愿景：让天下没有难做的工程、助力民生工程快速落地、实现项目经理身心解放、携手铁杆兄弟共创辉煌。

核心价值观：客户第一、团队合作、爱岗敬业、坦诚守信、坚强乐观。

公司底线：

1. 不可为谋一己私利，欺骗客户、不尊重客户，利用职权威胁客户。

2. 不可为了自身或团队业绩而损害客户利益。

3. 在职责范围之内，不可对客户的需求消极不作为，造成客户实质性的损失。

4. 不可在公司内部拉帮结伙，诋毁同事。

5. 不可阳奉阴违，决策过程不参与，决策下达不执行。

6. 不可弄虚作假。

7. 不可故意隐瞒或者歪曲事实。

8. 不可经常毫无理由地在团队里泼冷水，却不提出具体的观点和建议。

9. 不可无中生有地传播公司的负面信息。

企业文化，就像企业的一个内在的独特编码系统。这套看不见的文化编码系统，决定了企业整体的思维和行动，也决定了企业的发展前景。

著名的管理变革大师科特把企业文化所覆盖的核心群体，从高层（包括老板）延展到员工。此外，科特还定义了三种组织文化类型：

第一，强力型文化。即控制型文化，拥有这种文化的企业要么极为成功，要么一败涂地，但在年轻的新一代人群中，控制型文化的属性越来越弱。拥有这种文化的企业一般市场程度会比较高，比较像销售驱动型、客户驱动型的企业。

第二，策略合理型文化。企业文化必须与企业环境、经营策略相适应，文化适应性越强，企业经营业绩越好；文化适应性越弱，企业经营业绩越差。拥有这种文化的企业比较像传统企业，既有市场驱动型的，也有产品驱动型的。

第三，灵活适应型文化。企业文化必须是适应市场经营环境的变化，并且在这一过程中领先于其他企业，具有一定前瞻性的文化。拥有这种文化的企业比较像科技型公司，侧重技术驱动和服务驱动。河南颖淮按行业划分属于传统工程行业，但目前按运营实质来说是服务行业，更具体来说是一家以服务+互联网为复合驱动的公司，所以我们选择了灵活适应型文化。

这个时代，唯一不变的就是变化，持续不断学习的氛围是一家企业快速成长的关键。在知识和信息爆炸的时代，公司是否重视人才，并持续加强对员工的学习力的培养，培养团队具有自主学习的习惯，是一家企业能否长久领先同行的关键，为此河南颖淮公司设立了小型图书馆，成立了励英学堂，鼓励所有职员利用闲暇时间给自己"充电"。

关于学习文化，《道德经》中有这样几句话："上士闻道，勤而行之；中士闻道，若存若亡；下士闻道，大笑之，不笑不足以为道。"我个人认为河南颖淮公司的文化氛围和理念与这几句话非常符合。

所谓"上士闻道，勤而行之"。这是指，上士一旦有机会接触到大道，就会如饥似渴，勤勤恳恳，自强不息，坚信不疑。

具有上德且知行合一者为"上士"，这类人士一般以企业创始人、高管、职业经理等角色居多。

所谓"中士闻道，若存若亡"。这是指，具有小德而闻一善言心便喜，见一利欲心便乱者为"中士"。中士是道与非道之间的徘徊者，他们大多在接触到大道时，或热血沸腾，或将信将疑，这类人士一般以企业中层负责人或者部门主管等角色较多。

所谓"下士闻道，大笑之。不笑不足以为道"。这是指，失德且嚣张无礼者为"下士"。下士听到大道之理，会忍不住大笑，这是嘲笑，是把大道之理视为异端邪说的讥笑——这实在是一种愚痴的表现！这类人士一般是企业里眼高手低的新人。

所以，有这样一种人，叫"上士"。

他们有一种"不用扬鞭自奋蹄"的勤于自勉的精神；有一种不畏艰难，排除一切险阻的勇气；有一种敢于"置之死地而后生"的超越自我的决绝；有一种"不达目的不罢休"的持之以恒的决心。

他们不断精进，非常刻苦，非常善于总结，非常善于观察，非常善于自我调整；有一颗永远向上的心，坦然地接受生活中一切如意与不如意，并不断鞭策自己，不断完善自身。

"上士"之人在任何时候、任何地方、担任任何角色时，都懂得集体利益大于个人利益，从不以个人为中心。"上士"之人，即企业领头人，也是企业文化的精神领袖。

同时，也有这样一种人，叫"中士"。

他们同样具有一颗积极向上的心，只是他们没有顽强的毅力，经常受外界干扰而动摇自己的决心；患得患失的情绪经常干扰其心智，让他们很难准确地把握自己前进的方向——近益友则突飞猛进，近损友则不思进取。

他们有一颗与人为善的心，只是过于柔软，经常因受到伤害而动摇自己的信念，所以做事不能很好地坚持到底，经常半途而废。

"中士"之人的共同特点就是"向外求"，特别容易被外在因素干扰，容易陷入内心的恐惧而不能自拔。

此外，还有这样一种人，叫"下士"。

他们没有敬畏心、没有上进心、没有包容心，从来不知道什么是"内观觉知"；没有一点"自我约束"的精神。

他们完全按自己的想法来认知世界，看待生活；经常用嘲讽别人来掩饰自己的"内心空虚"，伪装自己的"一无所有"；经常用玩世不恭的态度来掩饰自己的"不思进取"。

我们希望企业朝着拥有更多"上士"和不断进步的"中士"，不断淘汰"下士"的方向发展。

趣味运动会

　　从企业的层级来看，高层需要了解企业文化的本质及其与传统文化的关系、与核心竞争力的关系，以及如何实施文化变革等；中层则应重点考虑如何在领导下属、实施考核、团队建设中体现企业文化，即企业文化与管理技能如何结合，没有优秀的管理技能就无法弘扬公司的企业文化；而基层人员则更需要理解本公司的企业文化，以及如何在工作中体现企业文化；新进人员需要认识公司的历史和文化、先进人物事迹、行为规范等。

　　从企业各部门职能来看，不同部门对企业文化的需求也不一样，营销部门需要了解企业文化与品牌建设、产品促销推广、广告公关等的关系；技术部门需要了解企业文化与企业战略、产品生态、技术迭代等工作的有机结合；财务部门需要了解企业文化如何体现在制度完善、操作规范、成本控制、投资管理等环节中；其他部门的企业文化培训也应该有不同的侧重点。

文化宣导形式要生动、多样，企业里的培训与我们在学校里接受的教育显然有着很大不同。作为企业员工，每天面对大量的工作，闲暇时间相对较少，许多人对单纯的知识教育兴趣度较低，吸收知识困难。企业文化培训也不例外，传统的讲授式的培训方式效果很不理想，往往让人觉得企业文化培训不能取得立竿见影的效果。

篮球赛

企业文化要靠细节落地，《创业维艰》一书的作者本·霍洛维茨说："企业文化一定要体现在具体细节中。"

诚然，企业文化作为一种比较新的管理理论和方法，以价值观塑造为核心，以凝聚人心、提升管理水平为目的，其重要作用是毋庸置疑的，但由于企业文化在落实上缺乏统一的操作办法，所以往往让大家觉得很"虚"。实际上，企业文化并不是学来的，而是"悟"来的，需要高层管理者具备优秀的领导能力和管理水平，以身作则，大力推行；中层管理者能够理解并贯彻实施；基层人员能够把企业文化的各种理念体现在自己的工作中。由此来看，采取什么样的培训形式也不能一概而论，必须根据企业各层级、各部门的需要考虑，否则就难以收到好的效果。采用各种硬性的规章制度固然可以让企业管理更加严谨，但要成为"卓越"的企业，还让员工自觉、自愿地遵从和维护企业的制度和文化。

户外团建

当然，不同企业的文化风格也迥然不同，就像人的性格有差异一样，没有绝对的对与错，适合的就是最好的。

河南颖淮在运营文化上，表现为无论是数字化改革还是对某款产品的打磨，基本都是初具雏形即投入市场，然后根据市场的反馈再进行快速调整。

至于如何维系强大的企业文化，《哈佛商业评论》提出了两种方法：第一，企业文化可以在公司愿景书和员工职位描述中阐明；第二，招聘的时候，注意去招聘那些认同公司价值观的人，并且对行为符合公司价值观的员工进行奖励。

企业中的部落文化：一个企业中的部落文化分为五个阶段，由低到高分别是：充满敌意和仇视、感觉无意义的第一阶段；冷漠、被动、喜欢抱怨的第二阶段；骄傲、自恃、认为"我最棒"的第三阶段；追求团队荣誉的第四阶段；希望改变历史的第五阶段。目前处在第一阶段和第五阶段的公司都非常稀少，近50%的公司都处在第三阶段。

组织的文化惯性：麦肯锡针对他以往为其他企业做过的战略落地方案进行过一项调查，但令人吃惊的是，他做的战略咨询能成功落地的只有16%，84%是白做的。原因是相关企业的管理创新没跟上。

为什么没有跟上呢？很多公司虽然战略创新了，但依然沿用原来的企业文化、管理理念和管理体制来支撑新的战略。即使是拥有公司最大权力的人，对组织本身也有无能为力的时候。组织有自己的惯性，要想改变它会非常难。

自我革新

为了打造团结协作、奋发向上的团队，建设良好的企业文化，河南颖淮本着"有则改之，无则加勉"的原则，以"相互促进，共同提高"为目的，决定在分公司开展高层范围内"批评与自我批评"活动。

就公司目前的情况而言，因循守旧、故步自封、不思进取、不求创新、无视组织纪律等缺点是迫切需要克服的，解放和端正思想的关键在敢于自我批评，只有敢于对自身主动展开严肃的、诚实的、彻底的批评，阻挡公司前进的旧思想、旧观念才会逐步从我们的意识中消失。

自我批评是自我反思、自我提升的过程。人无完人，孰能无过？所以，犯错误在所难免，也不可怕，可怕的是，我们不知道自己犯了错误，或者知道后不思悔改，甚至一味地加以掩饰。犯了错误就要努力地去改正错误，我们应该正视自己的错误而不是回避它，应该改正它而不是放任它。这是避免再犯同类错误的根本途径，也是完善自身，净化灵魂，提高修养的有效途径。

如果自己犯了错,别人指出来或自己发现了,却不肯认错,自认为是对的,那么自己的不足就永远得不到弥补,甚至越来越多,越来越严重,这样还能完善自身吗?不能!如果犯了错,发现之后却没有勇气改正,这就是懦弱,这样灵魂还能得到净化吗?不能!如果犯了错,别人给你指出来,你非但不承认,反而嗔怪批评你的人,这就是狭隘和自大,这样个人修养还能提高吗?不能!

所以,人必须学会自我批评。自我批评也是批评他人的前提和基础。

若不愿做自我批评或自我批评发挥不了应有的作用,那么就需要他人批评了,借他人发现自己的错误,批评指正自己,来帮助自己、完善自身。人人都有两双眼睛,一双是长在自己头上的,一双是长在他人头上的。因为并不是所有人都喜欢"照镜子"——反思,所以不是所有人都能很好地发现自己。这时就需要借助他人的眼睛来审视自己,批评自己。我想,通常没有人会无缘无故批评你、指责你,或对你恶言恶语,挑三拣四。所以,很可能是自己哪里做错了或做得不好,才会让他人找到可以批评你的地方。

人们发现别人的缺点很容易,发现自己的缺点却难,有时不是不愿意看到,而是根本就看不到。当自己看到别人的不足的时候,也应反思自己身上是否存在同样的问题。

他人的批评是对自己最好的监督,失去这种监督,人就可能骄傲自满。他人的批评是自己进步的助推器，失去这种助推器，人就可能变得慵懒而止步不前。所以，我们要乐于并善于接受他人的批评。

作为一家建筑企业，河南颖淮虽然已经走过了七年风雨，但是在变革之路上，它依旧年轻。我们真挚地感谢所有帮助过河南颖淮的人，你们的无限关怀与帮助，为河南颖淮开辟出了一条崭新、平坦的道路，属于河南颖淮的故事才刚刚开始。

后记

我曾有机会前往公司驻西藏那曲市办事处。不同于大部分地区，西藏交通不太便利，想要去那曲市只能先乘坐飞机到拉萨，再坐火车才能到达。

我在飞机刚刚落地打开舱门的时候就已经能明显感受到有些胸闷，并且呼吸不顺畅，我明白这应该就是缺氧导致的高原反应，但是还可以忍耐。由于飞机晚点，为了赶时间我只能选择乘出租车前往火车站，即便如此也花费了近一小时才赶到火车站，西藏地区之广可见一斑。

我所搭乘的火车是通往那曲市的末班车，火车上坐满了乘客，大多是由老师带队的学生。沿途目光所及，大多是岩石峭壁，山峰顶端有皑皑积雪，道路两旁鲜有绿植，不知是否因为已是十月的原因，到处是枯黄的草地，随着暮色渐浓，外面的景色渐渐无法辨认，只剩下人们在车厢中的低声呢喃。

抵达那曲市已经是五小时之后的事情了。此时已经是晚上11点，由于我在火车上一直保持坐姿，没有走动，所以还没有太多不适的感觉。等到下车以后我才感觉到头晕目眩，走路就像喝醉了酒一样摇摇晃晃，随之而来的就是短而急促的呼吸，身旁的站台牌子上赫然写着：那曲，海拔4513米。我此时才明白过来，原来这才是真正的高原反应，在拉萨时的不适与此时相比简直是小儿科，更让我没想到的是这仅仅只是个开始。

强忍着不适到达旅店后我迫不及待地买了店里最后一罐氧气，贪婪地吸吮着，终于缓解了一些不适感。睡觉是不可能睡得着的，躺到床上的时候由于缺氧，我能够明显感觉到心跳加速、体温升高。最糟糕的是即便我已经十分克制地使用，那一罐氧气还是用光了，而时间还没有到早上四点钟，打开美团买药，附近商家的开门时间都统一标注着九点钟，接下来的时间只能硬抗。

旅店里面只配备了加湿器，并没有起到多大的作用。由于长时间用口辅助呼吸，嘴唇已经有些干裂，我索性直接将加湿器抱到床上对着脸吹。我突然感觉自己好像一条被钓上岸的鱼，这不禁让我笑了出来，引发了一阵咳嗽，让本就缺氧的脑子又晕了起来，我赶紧冷静下来，就这样一直挨到了早上八点钟。

我强打着精神走到楼下，旅店的前台人员都还在睡觉。这里即便到了早上八点钟，天色也没有完全亮起来，街上三三两两的行人在踱步，幸运的是不远处有一家超市已经亮起了灯光。大约两百米不到的距离，我却走两步便要停下来喘一会儿，好不容易到了店门口，找老板买了两罐氧气和一瓶咖啡，又慢慢挪步回了旅店，直到躺在床上吸着氧，我才重新找到了活着的感觉。

办事处的人是上午十点钟抵达旅店的，公司经营人员跟我说过来的人是张勇（化名）。我本以为见到的会是一位中年藏族同胞，但是见面后我才知道他并不是本地人，竟然是一名"90后"。我们一同前往银行开户，事情进展很顺利，不到十二点就完成了所有事。因为已经到了午饭的时间，而且距离下午我要乘坐的火车发车时间还早，张勇邀请我前往他家吃午饭。

张勇的家一进门就能看到三张桌子，其中两张明显是用来办公的，上面摆着两台电脑和打印机，并且堆满了各式各样的文件，剩下的那一张桌子上摆着茶具，桌旁竖着一个巨大的氧气瓶。张勇让我坐下吸一会儿氧，趁着他爱人准备午饭的时间，我们交谈了起来。

看到我难受的样子，张勇安慰我说他刚刚来西藏的时候也产生了高原反应。"刚来那一个星期晚上基本上都睡不着觉，每天都躺在床上，动一下都喘不过气。"提起那段经历，张勇十分惆怅。"后来才知道，大多数人产生高原反应都是因为缺氧，而那曲市又是西藏地区环境最恶劣的城市之一。"

那曲市别称黑河，是西藏的"北大门"，是全国五大牧区的重要组成部分，但总体上属于欠发达、较落后地区。那曲市地处亚寒带气候区，海拔较高，气候严寒，干旱，其含氧量仅为海平面的一半，低温与干旱使得那曲市几乎见不到任何树木，能见到的植物大多只有草，那曲市也曾被称为"中国唯一没有树木的城市"。

张勇拿起个苹果跟我说："这里是很难留住人的，你看这个苹果，在其他地方很方便就能买到，但是在这里不一样。"他变戏法似的掏出一把水果刀边削边讲："以前这里想买点水果要跑很远，而且买到的水果还不一定新鲜。"

张勇是地地道道的江西人，之所以来到西藏主要是因为他的爱人。他们在大学校园中相识相恋，最后走到了一起。张勇自嘲地说他这算是被爱情蒙蔽了双眼，让人"骗"过来的，脸上却浮现着幸福的笑容。除此之外，也是因为他的好奇心作祟，他说，以前在网上经常能够看到关于西藏可以洗涤灵魂之类的文章或视频，给这里蒙上了一层神秘的面纱，让人想要深入了解，窥探全貌。当他来到这里之后，他发现这里是一个缺氧，但是不缺信仰的地方，在这里随处可见虔诚的信徒，中国300多万的藏族同胞，对他来说不再是新闻中冰冷的数字，而变成了一个个有温度的人。

"但是光靠信仰是留不住人的。"张勇将削好的苹果递给了我，"这片土地上每时每刻人口都在外流，你见过那些坐火车的学生吗？"我想起了在火车上的一幕，点了点头。张勇擦了擦水果刀放在了一旁，说"你坐的那辆车，承载着的应该是前往四川学习的学生，这里很多学生会选择去那里上学。"他摸出了一盒烟递向我，我摇了摇头示意自己不抽，张勇没再坚持，自己拿出一根点燃抽了起来。倘若可以选择，谁又愿意背井离乡？

我们两个异乡人最为清楚，默契地没再出声。

还是张勇率先打破了沉默："那曲这地方缺氧太严重了，外地人到这儿基本上都会有高原反应，很少有人能坚持待下来。"隔着烟我有些看不清他的表情。"你在网上可能经常看到有来到藏区支教的人，但是他们有多少能在这定居的？大多数最后还是返回了他们的家乡。就算有些教师留了下来，但他们又能教多少人呢？藏区，太大了。这些孩子想要改变命运，想要上学。"他坐在椅子上忽地向后靠去，倚在了椅背上，眼睛平视着，像是盯着近在咫尺的我，又仿佛在望着遥不可及的天际。他说："我想让这片土地留住人。"

人的一生中大概有95%的事情是我们无法掌握的，但我们能决定去相信什么，并为之努力。

中央第七次西藏工作座谈会确定了生态是西藏"四件大事"之一，首次将"必须坚持生态保护第一"纳入新时代党的治藏方略。会议指出针对作为西藏首府的拉萨，计划在十年的时间中，完成建设国土绿化面积206万亩的任务，而这项工作已经初见成效。如今的拉萨市内与其他城市一样，充满了绿色。树木在光合作用下产生了大量的氧气，在一定程度上缓解了来到此处的游客的高原反应。

张勇认为，既然拉萨能够实现这样的绿化梦，那曲也能实现。

张勇想让这片土地上从未走出去的人与其他城市的人一样

可以自由呼吸，每个冬天不用流着鼻血醒来，从此告别加湿器，来到那曲市的外地人不用人手一个氧气瓶，提到高原反应便心生畏惧。

他当然知道，那曲市曾经是"没有树的城市"，他也知道，即便是现在，那曲市的绿化带也是寥寥无几。

"就算如此，我也要去创造。"

要致富，先修路。张勇对这句话深信不疑，于是毅然决然地投入了建筑工程的领域，转眼间已经过去数年。在这片土地上，他搬过砖、挖过土、修过公路、植过树。虽然那棵树没有挨过冬天，但是让他离梦想更近了一步。

在送我前往火车站的路上，他指着窗外的绿化带，那是他与我们公司合作以来最得意的成果，这位脚踏实地前行的智者已经实现了从0到1、从无到有的跨越。

张勇始终相信，他的存在，是工程人怀揣着改变世界的梦想的有力证明。

我们坐车一路向火车站疾驰而去，道路两旁绿化带中的植物正顽强地活着，生长着，欣欣向荣。